Libro de cocina vegano

101 recetas veganas / vegetarianas

Paul Knoblauch

ISBN: 9781796589658
13-stellige ISBN: 9781796589658

CONTENIDO

Observaciones preliminares

La nutrición vegana es omnipresente y cada vez son más las personas que optan por una alimentación sana, libre de animales y respetuosa con el medio ambiente. Esto no es sorprendente, porque el veganismo ofrece muchas ventajas y también puede hacer tu propia conciencia mucho más fácil. Después de todo, usted evita todo tipo de productos animales, que no sólo incluyen la carne. Incluso el queso, la leche o los huevos son tabúes, de modo que se puede poner fin a la industria de procesamiento de animales en constante progreso. Pero también desde el punto de vista de la salud, la dieta vegana tiene muchas ventajas que ofrecer, por lo que pronto notará un cambio en su cuerpo. Te sientes más vital, relajado y equilibrado. Incluso varias dolencias o enfermedades pueden ser reducidas por el veganismo. ¿Todavía tienes dudas? Hemos resumido los puntos y preguntas más importantes sobre la nutrición vegana para ti. También le presentaremos 99 deliciosas, fáciles y variadas recetas para que pueda empezar de inmediato. Nuestro plan de nutrición te ayudará a relajarte y adaptarte a la dieta vegana sin ningún esfuerzo. Así que empieza de inmediato y déjate inspirar por las muchas ventajas del veganismo.

□

¿Qué es la nutrición vegana?

Antes de comenzar con las diferentes recetas o beneficios, usted debe saber lo que es el veganismo. El veganismo es una forma de vida especial en la que se evitan todo tipo de productos animales. Esto significa que usted no come carne y pescado en su dieta. Además, hay productos de origen animal como la leche, los huevos o la miel. Hay que distinguir si quieres comer vegetariano o seguir un estilo de vida vegetariano. La nutrición vegana contiene sólo la renuncia a los productos animales. Un estilo de vida vegano también excluye el uso de productos de origen animal. Por ejemplo, cuero, seda o lana. Si quieres ir un paso más allá, no comprarás bienes ni consumirás productos de origen animal en todos los ámbitos de la vida.

Esto significa para usted que no sólo evitará la carne y el pescado, sino que también reducirá el consumo de todos los productos derivados de los animales. Incluso los ingredientes o aditivos más pequeños pueden provenir de fuentes animales. Buenos ejemplos son la galantina, el vino producido con cuajo o los cosméticos basados en sustancias como el colágeno, la lanolina u otras sustancias de origen animal. La implementación del estilo de vida vegano implica una gran cantidad de consistencia y planificación. Por supuesto, puede proceder paso a paso, porque el cambio completo de un día a otro suele ser muy complicado. Especialmente si acabas de empezar a lidiar con la vida vegetariana. Todavía no sabe exactamente qué productos tienen un origen animal y cuáles no. Por lo tanto, se recomienda que empieces con la dieta vegana primero. Esto le permite excluir la mayoría de los productos de origen animal de su vida diaria. Con el tiempo, puedes expandir el veganismo. Por ejemplo, usted no necesita ropa de animales después de haber comido, luego cosméticos de animales y luego todos los productos de origen animal.

Antes de dar este paso, usted debe estar consciente de que una vida 100 por ciento vegetariana no es posible. Debido a la actual constelación de producción social, es imposible evitar todo tipo de productos animales. En la carretera, en los medios de transporte o incluso en el interior, encontrará constantemente sustancias de origen animal. Por lo tanto, la vida vegana significa que te acercas a la vida vegana completa de la mejor manera posible y en la medida de lo posible. Para muchas personas, el enfoque no sólo significa la renuncia a los productos animales, sino también la comunicación directa y el compromiso social de contribuir a la reducción de la base actual de producción y consumo de productos animales. En este sentido, la información, la iluminación y la convicción pertenecen al veganismo para muchos. Qué tan lejos quieras seguir el camino vegetariano depende totalmente de ti. La dieta vegana es un buen paso en la dirección correcta.

¿Es saludable una dieta vegana?

En Internet, revistas y muchos otros medios de comunicación hay muchos rumores y prejuicios de que el veganismo daña el cuerpo y por lo tanto es insalubre. Sin embargo, este no es el caso si usted se adhiere a algunas reglas básicas. Al igual que con todos los tipos de nutrición, es importante que consuma una dieta equilibrada y completa. Si usted come la misma comida todos los días, notará desnutrición con el tiempo. No sería diferente para una persona que come pizza todos los días. Por lo tanto, es esencial que consuma una dieta equilibrada y variada. Esto le proporciona a su cuerpo todas las vitaminas y minerales necesarios que necesita para la vida diaria. Si usted se atiene a esta resolución, la nutrición vegana es una de las dietas más saludables disponibles actualmente en el mercado. Por lo tanto, no es de extrañar que alrededor de 1,3 millones de personas vivan actualmente en Alemania, y el número sigue aumentando. Una de las principales razones del alto valor para la salud es que usted se alimenta completamente de productos herbales. Como aprendiste en la escuela, las plantas contienen numerosas vitaminas, minerales, oligoelementos y otros nutrientes que tu cuerpo necesita urgentemente para sus procesos de salud diarios. Especialmente los ataques al corazón y las enfermedades del corazón pueden ser prevenidos o los síntomas reducidos por una dieta vegana. Esto ya ha sido probado por un estudio de 2008 de los Current Atherosclerosis Reports. Se descubrió que cuanto más consistente y estricta sea la implementación de una dieta basada en plantas, menos probable será que muera de muerte cardíaca. Pero también un estudio del año 2014 demuestra las ventajas del veganismo para la salud. Alrededor de 200 pacientes con enfermedades cardiovasculares cambiaron a una dieta vegana. Poco tiempo después del cambio se notó una mejoría en la salud. También estaban mejor protegidos contra los ataques cardíacos. En marzo de 2017, la revista "Nutrition & Diabetes" publicó los resultados de un estudio aleatorizado y controlado de participantes de entre 35 y 70 años de edad. Luego se les recomendó una dieta integral basada en plantas contra la diabetes, la obesidad, la presión arterial alta, el colesterol alto y las enfermedades coronarias.

RECETAS DE DESAYUNO PARA VEGETARIANOS

Panqueques de Ricotta y Naranja

Porciones: 6 (2 panqueques por porción)
Tiempo de preparación: 5 minutos
Cocción: 10 minutos
(Por porción)
Calorías: 242
Proteína: 21 gramos
Carbohidratos: 27 gramos
Grasa: 5 gramos

Ingredientes

- 1 taza de harina de cebada
- 1/3 de taza de harina para todo uso
- 2 cucharadas de stevia u otro edulcorante natural
- 3 cucharadas de polvo de proteína de suero de vainilla
- 2 cucharaditas de polvo de hornear
- 1/2 cucharadita de bicarbonato de sodio
- 1 taza de queso ricotta sin grasa
- 1/2 taza de leche descremada
- 1/2 taza de jugo de naranja
- 1 cucharadita de cáscara de naranja
- 2 huevos grandes, batidos
- 1 cucharada de mantequilla sin sal
- 1 cucharadita de extracto de vainilla

Direcciones

1. En un recipiente grande, agregue la cebada, la harina, la stevia, la proteína en polvo, el polvo de hornear y el bicarbonato de soda y mezcle hasta que estén bien mezclados. Deje a un lado.
2. En un recipiente grande separado, agregue el requesón, la leche descremada, el jugo de naranja, la cáscara de naranja, los huevos, la

mantequilla y el extracto de vainilla. Bata hasta que estén bien mezclados. Mezcle lentamente los ingredientes líquidos con los secos hasta que se mezclen. No mezcle en exceso.

3. Cubra una sartén antiadherente grande con rocío de cocina y limpie el exceso con una toalla de papel. Guarde esto para limpiar la sartén después de cada tortita. Caliente la sartén a fuego medio.

4. Con una cuchara, coloque de 3 a 4 cucharadas de masa en la plancha y cocine hasta que aparezcan burbujas. Voltee y cocine hasta que se doren.

5. Repita el paso 4 con la masa restante.

□

Desayuno Instantáneo Huevos y Quinua

Porciones: 1
Tiempo de preparación: 1 min.
Cocción: Menos de 5 minutos
(Por porción)
Calorías: 286
Proteína: 22 gramos
Carbohidratos: 40 gramos
Grasa: 5 gramos

Ingredientes
- 4 claras de huevo
- 2/3 taza de quinua, cocida
- 1/3 taza de leche de almendras
- 1 cucharadita de jarabe de arce
- 1/2 taza de bayas mezcladas

Direcciones

1. Agregue las claras de huevo a un recipiente para microondas. Cubra con una toalla de papel o tapa y cocine en el microondas de 2 a 3 minutos o hasta que esté cocido.

2. Agregue la quinua y la leche de almendras al tazón. Cocine en el microondas durante 1 minuto. Cubra con jarabe de arce y bayas.

□

Tortas de proteína de avena

Porciones: 2 (2 panqueques por porción)
Tiempo de preparación: 3 minutos
Cocción: 5 - 6 minutos
(Por porción)
Calorías: 223
Proteína: 31 gramos
Carbohidratos: 20 gramos
Grasa: 2 gramos

Ingredientes
- 1/2 taza de avena a la antigua
- 1/2 taza de requesón sin grasa
- 6 claras de huevo
- 1/2 cucharadita de canela
- 1/2 cucharadita de extracto de vainilla
- 1/8 cucharadita de polvo de hornear
- 1 cucharada de polvo de proteína de suero de vainilla

Direcciones

1. Coloque todos los ingredientes en un recipiente grande y mézclelos con un batidor o mezclador manual eléctrico hasta que se espese y se convierta en una masa.
2. Cubra una sartén antiadherente grande con rocío de cocina y limpie el exceso con una toalla de papel. Guarde esto para limpiar la sartén después de cocinar cada panqueque. Caliente la sartén a fuego medio.
3. Vierta o sirva con un cucharón aproximadamente 1/2 taza de la masa en la sartén y cocine de 2 a 3 minutos por cada lado hasta que se doren. Repita para el resto de la masa.

□

Tostadas francesas saludables

Porciones: 1
Tiempo de preparación: 2 minutos
Cocción: 5 minutos
(Por porción)
Calorías: 421
Proteína: 38 gramos
Carbohidratos: 60 gramos
Grasa: 4 gramos

Ingredientes
- 14 claras de huevo
- 1/4 taza de leche descremada
- 1/8 cucharadita de canela
- 1/2 cucharada de polvo de proteína de suero de vainilla
- 2 rebanadas de pan integral
- 1 banana, rebanada o 1 1/2 tazas de bayas mixtas

Direcciones

1. En un recipiente mediano, agregue las claras de huevo, la leche, la canela y la proteína en polvo y bata hasta que estén bien mezcladas.
2. Cubra una sartén antiadherente grande con rocío de cocina y colóquela a fuego medio.
3. Remojar el pan en la mezcla de clara de huevo durante 10 a 15 segundos y luego ponerlo en la sartén. Cocine durante 2 ó 3 minutos y luego voltéelo. Vierta la mezcla de huevo en la sartén alrededor del pan y cocine.
4. Transfiera a un plato y luego cubra con plátanos o bayas.

□

Cereal de avena "Cookie Dough" (masa para galletas)

Porciones: 1
Tiempo de preparación: 3 - 4 minutos
(Por porción)
Calorías: 496
Proteína: 30 gramos
Carbohidratos: 47 gramos
Grasa: 23 gramos

Ingredientes
- 1/2 taza de avena a la antigua
- 1/2 cucharada de polvo de proteína de suero de vainilla
- 1/4 cucharadita de canela
- 1/4 cucharadita de stevia u otro edulcorante natural
- 1/8 cucharadita de extracto de vainilla
- sal, al gusto
- 2 cucharadas de mantequilla de almendra
- 1 taza de leche descremada

Direcciones

1. En un recipiente mediano, agregue la avena, la proteína en polvo, la canela, la stevia, el extracto de vainilla y la sal. Mezclar bien.
2. Añada la mantequilla de almendras, un trozo pequeño a la vez. Revuelva en la mezcla y deje que se rompa ligeramente hasta que se parezca a una masa para galletas desmenuzada.
3. Cubra con leche descremada.

Burrito de Desayuno Tex-Mex picante

Porciones: 1
Tiempo de preparación: 5 minutos
Cocción: 5 minutos
(Por porción)
Calorías: 294
Proteína: 28 gramos
Carbohidratos: 42 gramos
Grasa: 5 gramos

Ingredientes
- 1 (10 pulgadas) tortilla de grano entero
- 1/2 cucharadita de jalapeño, sin semillas y cortado en cubos
- 2 cucharadas de pimiento rojo cortado en cubos
- 2 cucharadas de pimiento verde cortado en cubos
- 2 cucharadas de cebolla, cortada en cubitos
- 2 cucharadas de tomate, cortado en cubos
- 5 claras de huevo
- 1 cucharada de queso cheddar bajo en grasa, rallado
- 1 cucharada de cilantro fresco, picado

Direcciones

1. Cubra una sartén mediana con rocío de cocina y colóquela a fuego medio. Agregue los jalapeños, los pimientos, la cebolla y el tomate. Saltee durante 2 ó 3 minutos o hasta que estén tiernos.

2. Verter los huevos y revolver. Una vez cocido, transfiera la mezcla de huevo a un plato. Coloque la tortilla en la sartén caliente y caliente, aproximadamente 1 minuto por cada lado. Retire la tortilla del fuego y cubra con la mezcla de huevo, espolvoree con queso y cilantro.

□

Burrito de desayuno de frijoles negros

Porciones: 1
Tiempo de preparación: 2 minutos
Cocción: 5 minutos
(Por porción)
Calorías: 316
Proteína: 23 gramos
Carbohidratos: 52 gramos
Grasa: 7 gramos

Ingredientes
- 1 (10 pulgadas) tortilla de grano entero
- 2 claras de huevo
- 1/4 taza de frijoles negros, escurridos y enjuagados
- 2 cucharadas de salsa
- 2 cucharadas de queso cheddar bajo en grasa, rallado
- 1 cucharada de crema agria sin grasa

Direcciones

1. Cubra una sartén antiadherente pequeña con rocío de cocina, agregue los huevos y revuelva. Después de 1 a 2 minutos agregue los frijoles y cocine hasta que los huevos estén hechos y los frijoles estén calientes. Retire la mezcla de huevo de la sartén y agregue la salsa y el queso.
2. Coloque la tortilla en la sartén caliente y cocine hasta que se caliente, aproximadamente 1 minuto por cada lado. Retire la tortilla de la sartén y coloque encima la mezcla de huevo y la crema agria.

□

Revuelta de huevos asiáticos

Porciones: 1
Tiempo de preparación: 5 minutos
Cocción: 4 - 6 minutos
(Por porción)
Calorías: 199
Proteína: 24 gramos
Carbohidratos: 8 gramos
Grasa: 8 gramos

Ingredientes
- 1 cucharadita de maní, machacado
- 4 claras de huevo
- 1 huevo entero
- 1/4 taza de espinaca bebé
- 2 cucharadas de salsa teriyaki
- 1/4 cucharadita de sal
- 1/8 cucharadita de pimienta negra molida

Direcciones

1. Cubra una sartén antiadherente mediana con rocío de cocina y colóquela a fuego medio. Una vez que el aceite esté caliente, agregue los cacahuetes y cocine hasta que estén tostados.
2. Mientras tanto, en un recipiente pequeño, agregue los huevos, la espinaca, la salsa teriyaki, la sal y la pimienta. Bata hasta que estén bien mezclados.
3. Vierta la mezcla de huevo en la sartén y revuelva. Cocine de 4 a 6 minutos, continuando revolviendo, hasta obtener la consistencia deseada.

□

Tortilla Vegetal

Porciones: 1
Tiempo de preparación: Menos de 5 minutos
Cocción: 10 minutos
(Por porción)
Calorías: 244
Proteína: 27 gramos
Carbohidratos: 10 gramos
Grasa: 10 gramos

Ingredientes
- 1/4 taza de cebolla, picada
- 1/4 taza de pimiento verde picado
- 1/4 taza de champiñones picados
- 5 claras de huevo
- 1 huevo entero
- 1 cucharada de leche descremada
- 1/4 cucharadita de sal
- 1/8 cucharadita de pimienta negra molida
- 2 cucharadas de queso suizo, rallado

Direcciones

1. Cubra una sartén antiadherente mediana con rocío de cocina y colóquela a fuego medio. Agregue las cebollas, los pimientos y los hongos y cocine de 3 a 4 minutos o hasta que estén tiernos.
2. Mientras tanto, en un recipiente pequeño, agregue los huevos, la leche, la sal y la pimienta. Bata hasta que estén bien mezclados.
3. Retire las verduras de la sartén y déjelas a un lado. Vuelva a cubrir la sartén con rocío de cocina y agregue la mezcla de huevo. Cocine por 2 minutos o hasta que el fondo de los huevos comience a cuajar. Con una espátula, levante suavemente los bordes del huevo e incline la sartén para que el huevo crudo fluya hacia los bordes.
4. Continúe cocinando de 2 a 3 minutos o hasta que el centro de la tortilla comience a verse seco. Añadir el queso y las verduras al centro de la tortilla. Con una espátula, doblar la tortilla por la mitad. Cocine por otros 1 ó 2 minutos, o hasta que el queso esté derretido y el huevo haya alcanzado la consistencia deseada.

Huevo Simple "Cupcakes"

Porciones: 6 (4 muffins por porción)
Tiempo de preparación: 5 - 10 minutos
Cocción: 20 - 30 minutos
(Por porción)
Calorías: 169
Proteína: 26 gramos
Carbohidratos: 4 gramos
Grasa: 6 gramos

Ingredientes
- 1 pimiento rojo, cortado en cubitos
- 2 tomates romanos, cortados en cubitos
- 1/4 taza de hojas de albahaca fresca, picadas
- 3 cebollines, picados
- 6 huevos enteros
- 4 tazas (32 claras de huevo grandes)
- salsa, al gusto

Direcciones

1. Precaliente el horno a 375°F. Cubra 2 moldes para magdalenas de 12 tazas con rocío de cocina.
2. En un recipiente grande, agregue los pimientos, los tomates, la albahaca y los cebollines, y mezcle bien. En un recipiente separado, agregue los huevos y bata hasta que se mezclen.
3. Agregue 1 cucharada de mezcla de huevo a cada ranura para panecillos. Luego divida uniformemente la mezcla de verduras en las ranuras para panecillos. Termine rellenando cada ranura hasta la parte superior con la mezcla de huevo.
4. Colocar en el horno y hornear durante 20 a 30 minutos, o hasta que estén firmes por encima. Espere a que se enfríe para sacarlo de las ollas. Usa un poco de salsa para glasear.

□

Pastelitos de queso con bayas

Porciones: 6 porciones (2 muffins por porción)
Tiempo de preparación: 3 - 4 minutos
Cocción: 30 - 35 minutos
(Por porción)
Calorías: 208
Proteína: 31 gramos
Carbohidratos: 14 gramos
Grasa: 3 gramos

Ingredientes
- 1 taza de yogur griego sin grasa
- 2 cucharadas de requesón sin grasa
- 1 cucharada de harina de coco
- 1/4 taza de bayas secas
- 2 huevos
- 6 cucharadas de polvo de proteína de suero de vainilla
- 1 taza de moras frescas

Direcciones

1. Precaliente el horno a 340°F. Cubra una bandeja para magdalenas de 12 tazas con rocío de cocina.
2. Coloque todos los ingredientes excepto las moras en un procesador de alimentos o licuadora y procese hasta que estén bien combinados. Transfiera a un recipiente grande para mezclar, agregue las moras y dóblelas suavemente.
3. Vierta la masa uniformemente en la bandeja de panecillos, llenando cada taza hasta que esté llena hasta 3/4 de su capacidad. Coloque en el horno y hornee por 35 minutos, o hasta que un palillo de dientes insertado en el centro salga limpio.

Frittata de alcachofa

Porciones: 2
Tiempo de preparación: 5 minutos
Cocción: 5 - 7 min.
(Por porción)
Calorías: 228
Proteína: 20 gramos
Carbohidratos: 18 gramos
Grasa: 10 gramos

Ingredientes

- 1 pimiento rojo, cortado en cubitos
- 2 dientes de ajo, picados
- 1/4 cucharadita de hojuelas de pimiento rojo
- 2 huevos enteros
- 4 claras de huevo
- 1 lata (14 onzas) de corazones de alcachofa, enjuagados y picados
- 1/4 taza de queso parmesano bajo en grasa, rallado
- 1 cucharadita de orégano seco
- 1/4 cucharadita de sal
- 1/8 cucharadita de pimienta negra molida

Direcciones

1. Coloque un soporte de horno en el tercio superior del horno. Precaliente la parrilla.
2. Cubra una sartén mediana para horno con rocío de cocina y colóquela a fuego medio. Agregue el pimiento morrón y cocine por 2 minutos o hasta que esté tierno. Agregue el ajo y las hojuelas de pimiento rojo. Cocine por 1 minuto, luego transfiera a un plato.
3. En un recipiente mediano, agregue los huevos y bata hasta que estén bien mezclados. Agregue los corazones de alcachofa, el parmesano, el orégano, la sal, la pimienta y la mezcla de pimiento morrón y mezcle.
4. Vuelva a cubrir la sartén con rocío de cocina y colóquela de nuevo a fuego medio. Vierta la mezcla de huevo, incline la sartén hasta que se distribuya uniformemente. Cocine por 30 segundos, hasta que el fondo comience a fraguar.
5. Reduzca el fuego a medio-bajo y cocine hasta que el fondo esté dorado, levantando con frecuencia los bordes para dejar que el huevo crudo fluya por debajo, aproximadamente de 3 a 4 minutos.

6. Coloque la sartén debajo de la parrilla. Cocine hasta que la parte superior esté lista, aproximadamente de 2 a 3 minutos. Retirar y cortar por la mitad.

□

Frittata de pimiento rojo y queso de cabra

Porciones: 2
Tiempo de preparación: Menos de 5 minutos
Cocción: 5 - 6 minutos
(Por porción)
Calorías: 203
Proteína: 20 gramos
Carbohidratos: 7 gramos
Grasa: 11 gramos

Ingredientes
- 4 claras de huevo
- 2 huevos enteros
- 1 cucharada de orégano fresco, picado
- 1/8 cucharadita de sal
- 1/8 cucharadita de pimienta negra molida
- 1 pimiento rojo, rebanado
- 3 cebollines, cortados en rodajas finas (sólo en verde)
- 1/4 taza de queso de cabra, desmenuzado

Direcciones

1. Coloque un soporte de horno en el tercio superior del horno. Precaliente la parrilla.

2. En un recipiente mediano, agregue los huevos, el orégano, la sal y la pimienta y bata hasta que estén bien mezclados.

3. Cubra una sartén mediana para horno con rocío de cocina y colóquela a fuego medio. Añada el pimiento morrón y los cebollines y sofría durante 1 minuto, hasta que los cebollines estén tiernos.

4. Agregue la mezcla de huevo, incline la sartén hasta que se distribuya uniformemente. Cocine de 2 a 3 minutos, levantando con frecuencia los bordes para dejar que el huevo crudo fluya por debajo, hasta que el fondo esté dorado. Espolvorear el queso por encima.

5. Coloque la sartén debajo de la parrilla. Cocine hasta que la parte superior esté lista, aproximadamente de 2 a 3 minutos. Retirar y cortar por la mitad.

□

Revuelto de espinacas y tofu

Porciones: 2
Tiempo de preparación: Menos de 5 minutos
Cocción: 10 minutos
(Por porción)
Calorías: 250
Proteína: 27 gramos
Carbohidratos: 10 gramos
Grasa: 13 gramos

Ingredientes
- 2 tomates, cortados en cubos
- 2 dientes de ajo, picados
- 3/4 taza de champiñones frescos, cortados en rodajas
- 1 taza de espinacas, enjuagadas
- 2 1/2 tazas de tofu firme o extra firme, desmenuzado
- 1/2 cucharadita de salsa de soya baja en sodio
- 1 cucharadita de jugo de limón
- sal y pimienta negra molida, al gusto

Direcciones

1. Cubra una sartén mediana con rocío de cocina y colóquela a fuego medio.
2. Agregue los tomates, el ajo y los hongos y saltee de 2 a 3 minutos.
3. Reduzca el fuego a medio-bajo y agregue la espinaca, el tofu, la salsa de soya y el jugo de limón. Cubra con una tapa bien ajustada y cocine de 5 a 7 minutos, revolviendo ocasionalmente. Espolvorear con sal y pimienta.

□

Tempeh Hash

Porciones: 4
Tiempo de preparación: 5 minutos
Cocción: 25 minutos
(Por porción)
Calorías: 288
Proteína: 21 gramos
Carbohidratos: 41 gramos
Grasa: 6 gramos

Ingredientes
- 12 onzas de tempeh, cortado en cubos de 1/2 pulgada - 4 papas medianas, peladas y cortadas en cubos
- 1 cebolla, cortada en dados
- 2 cucharadas de salsa de soya baja en sodio
- 1/2 cucharadita de ajo en polvo
- sal y pimienta negra molida, al gusto

Direcciones
1. Coloque las papas en una olla grande, agregue agua hasta que las papas estén cubiertas. Deje hervir a fuego medio-alto y cocine de 10 a 15 minutos, o hasta que estén tiernos.
2. Cubra una sartén grande con rocío de cocina y colóquela a fuego medio. Agregue la cebolla, las papas, el tempeh y la salsa de soya y saltee. Revuelva con frecuencia, asegurándose de cocinar todos los lados de los cubos de tempeh. Retire del fuego y agregue el ajo en polvo, sal y pimienta.
□

Avena PB&J

Porciones: 4
Tiempo de preparación: Menos de 3 minutos
Cocción: 5 - 10 minutos
(Por porción)
Calorías: 376
Proteína: 32 gramos
Carbohidratos: 38 gramos
Grasa: 11 gramos

Ingredientes
- 1/3 taza de avena a la antigua
- 2/3 taza de agua
- 1 cucharada de proteína en polvo (de su elección)
- 1/2 cucharadita de extracto de vainilla
- 1 cucharada de mantequilla de maní
- 1 cucharada de gelatina

Direcciones

1. Añada la avena y el agua en una cacerola pequeña y deje hervir a fuego medio-alto.
2. Reduzca el fuego a medio-bajo y deje cocinar a fuego lento hasta que el 90% del agua sea absorbida.
3. Retirar del fuego, añadir el polvo de proteína y el extracto de vainilla. Batir juntos hasta que estén bien mezclados. Vierta la avena en un tazón y cubra con mantequilla de maní y jalea.

Muffins de Quinoa

Porciones: 12 (1 muffin por porción)
Tiempo de preparación: 10 minutos
Cocción: 20 - 22 minutos
(Por porción)
Calorías: 319
Proteína: 10 gramos
Carbohidratos: 45 gramos
Grasa: 17 gramos

Ingredientes

- 1 1/2 tazas de harina para todo uso
- 2 cucharaditas de polvo de hornear
- 1/2 cucharadita de bicarbonato de sodio
- 2 paquetes de estevia u otro edulcorante natural
- 2 cucharaditas de canela
- 1/2 cucharadita de sal
- 3/4 taza de salvado de trigo
- 1/4 taza de salvado de avena
- 3 cucharadas de semillas de lino molidas
- 1 1/3 taza de leche de almendras
- 1/3 taza de aceite de canola
- 1 cucharadita de extracto de vainilla
- 1 taza de quinua, cocida
- 1/2 taza de nueces, picadas
- 1/2 taza de chispas de chocolate vegetariano
- 1/2 taza de semillas de cáñamo

Direcciones

1. Precaliente el horno a 400°F. Cubra una bandeja para magdalenas de 12 tazas con rocío de cocina.
2. En un tazón grande, agregue la harina, el polvo de hornear, el bicarbonato de soda, la stevia, la canela y la sal. Batir juntos, luego verter el salvado de trigo, el salvado de avena y la semilla de lino y batir hasta que estén bien mezclados.
3. En un recipiente aparte, agregue la leche de almendras, el aceite de canola y el extracto de vainilla. Batir juntos, luego verter la quinua y batir para combinar. Verter los ingredientes secos y mezclar con una cuchara de madera o de plástico. Doble las nueces, las chispas de chocolate y las

semillas de cáñamo. Tenga cuidado de no mezclar demasiado, todavía debe haber algunos trozos.

4. Vierta la masa en la bandeja de panecillos, llenando cada taza hasta que esté llena hasta 3/4 de su capacidad. Coloque en el horno y hornee durante 20 a 22 minutos, o hasta que un palillo de dientes insertado en el centro salga limpio.

□

Panqueques de mantequilla de maní y proteína

Porciones: 1
Tiempo de preparación: 5 minutos
Cocción: 5 minutos
(Por porción)
Calorías: 397
Proteína: 33 gramos
Carbohidratos: 51 gramos
Grasa: 7 gramos

Ingredientes
- 1/2 plátano, machacado
- 2 cucharaditas de mantequilla de maní
- 1 porción de proteína en polvo (de su elección)
- 1/3 de taza de masa para panqueques de granos enteros
- 1 cucharadita de miel

Direcciones

1. En un tazón grande, agregue el plátano, la mantequilla de maní, el polvo de proteína y la masa y mezcle bien.

2. Cubra una sartén antiadherente grande con rocío de cocina y colóquela a fuego medio. Divida la masa uniformemente por la mitad y sirva con una cuchara en la sartén. Cocine, volteando cuando las tapas estén cubiertas de burbujas y los bordes parezcan cocidos. Rocíe la miel encima.

□

Tex-Mex Tacos de Tofu para el Desayuno

Porciones: 4 (2 tacos por porción)
Tiempo de preparación: 5 - 10 minutos
Cocción: 15 minutos
(Por porción)
Calorías: 286
Proteína: 16 gramos
Carbohidratos: 26 gramos
Grasa: 9 gramos

Ingredientes

- 2 paquetes (14 onzas) de tofu suave, escurrido
- 3 (6 pulgadas) tortillas de maíz, cortadas en tiras
- 1/8 cucharadita de cúrcuma
- 1 jalapeño, sin semillas y cortado en cubos
- 1/2 cucharadita de pimentón ahumado
- 4 cebollines, cortados y picados
- 1/2 cucharadita de sal
- 1/4 taza de cilantro fresco, picado
- 2 tomates ciruela, cortados en cubitos
- 1/4 taza de queso vegetariano, rallado
- 8 (6 pulgadas) tortillas de maíz, calentadas
- 1/2 taza de salsa (opcional)

Direcciones

1. Cubra una sartén antiadherente grande con rocío de cocina y colóquela a fuego medio. Agregue las tiras de tortilla y saltee hasta que estén doradas y crujientes, alrededor de 6 minutos. Páselo a un plato y déjelo a un lado.

2. Vuelva a cubrir la sartén con rocío de cocina. Añada el tofu a la sartén y desmenúcelo en trozos de varios tamaños similares a los huevos revueltos. Agregue la cúrcuma, el jalapeño, el pimentón, los cebollines y la sal y revuelva hasta que estén bien combinados.

3. Cocine hasta que el agua restante en el tofu se haya cocinado y tenga una consistencia tierna, aproximadamente de 4 a 6 minutos. Agregue el cilantro, los tomates, el queso y las tiras de tortilla. Revuelva hasta que estén bien mezclados. Continúe revolviendo hasta que el queso se haya derretido, alrededor de 2 minutos.

4. Dividir en 4 porciones iguales, luego dividir cada porción entre 2

tortillas de maíz. Cubra cada taco con 1 cucharada de salsa.

COMIDAS

Cazuela de Enchilada Mexicana

Porciones: 8
Tiempo de preparación: 5 minutos
Cocción: 15 - 20 minutos
(Por porción)
Calorías: 293
Proteína: 19 gramos
Carbohidratos: 47 gramos
Grasa: 4 gramos

Ingredientes

- 2 tazas de cebolla, picada
- 1 1/2 tazas de pimiento rojo picado
- 2 dientes de ajo, picados
- 3/4 taza de salsa
- 2 cucharaditas de comino molido
- 2 latas (15 onzas) de frijoles negros, escurridos
- 12 (6 pulgadas) tortillas integrales
- 2 tazas de queso cheddar bajo en grasa, rallado
- 3 tomates, picados
- 1/2 taza de crema agria sin grasa

Direcciones

1. Precaliente el horno a 350°F.
2. Cubra una sartén grande con rocío de cocina y colóquela a fuego medio. Agregue la cebolla, la pimienta, el ajo, la salsa, el comino y los frijoles negros y cocine a fuego lento. Revuelva frecuentemente y deje cocinar por 3 minutos.
3. En una bandeja para hornear de 9 x 13 pulgadas, coloque 6 de las tortillas en la parte inferior, superponiéndolas según sea necesario. Distribuya la mitad de la mezcla y espolvoree la mitad del queso por encima. Repita con las tortillas restantes, la mezcla de frijoles y el queso.
4. Cubra el plato con papel de aluminio y colóquelo en el horno para hornear durante 15 minutos. Retirar del horno, servir con tomates y crema agria.

Lasaña de tres quesos

Porciones: 10
Tiempo de preparación: 5 minutos
Cocción: 1 hr 20 min.
(Por porción)
Calorías: 343
Proteína: 31 gramos
Carbohidratos: 25 gramos
Grasa: 15 gramos

Ingredientes
- 1 paquete (8 onzas) de fideos de lasaña de grano entero, cocidos
- 3 huevos
- 3 tazas de requesón bajo en grasa
- 1/2 taza de queso parmesano bajo en grasa, rallado
- 1 taza de espinacas frescas
- 3 tazas de salsa para pasta
- 3 tazas de queso mozzarella bajo en grasa, rallado

Direcciones

1. Precaliente el horno a 325°F. Cubra una bandeja para hornear de 9 x 13 pulgadas con rocío de cocina.

2. En un recipiente grande para mezclar, agregue los huevos y bata. Añadir el requesón y el queso parmesano y mezclar.

3. Coloque una capa de los fideos en el fondo de la bandeja para hornear. Cubra con la mitad de las espinacas, presione ligeramente hacia abajo. Cubra con otra capa de fideos. Cubra con la mezcla de requesón, luego cubra con las espinacas restantes. Añada los últimos fideos y cubra con la salsa para pasta y la mozzarella.

4. Rocíe un poco de papel de aluminio con rocío de cocina para evitar que se pegue y cubra la bandeja para hornear. Asegure firmemente alrededor de los lados, teniendo cuidado de no presionar hacia abajo en el centro.

5. Colocar en el horno y hornear durante 1 hora y 10 minutos. Retire el papel de aluminio y hornee de 3 a 5 minutos más o hasta que la parte superior esté ligeramente dorada. Retire del horno y deje reposar de 10 a 15 minutos antes de servir.

□

Ensalada Tabbouleh

Porciones: 4
Tiempo de preparación: 5 - 10 minutos
Cocción: 30 minutos
(Por porción)
Calorías: 539
Proteína: 27 gramos
Carbohidratos: 71 gramos
Grasa: 13 gramos

Ingredientes
- 1 1/4 tazas de trigo bulgur
- 1/4 taza de pesto preparado
- 3 cucharadas de jugo de limón
- 2 tazas de tomates cherry, picados
- 3/4 taza de queso feta, desmenuzado
- 1 lata (15 onzas) de garbanzos, escurridos y enjuagados
- 1/3 taza de cebollines, picados
- 2 cucharadas de perejil fresco, picado
- 1/4 cucharadita de pimienta negra molida
- 2 tazas de frijoles de edamame

Direcciones

1. Ponga a hervir 2 tazas de agua. En una olla o recipiente grande, agregue el trigo bulgur y el agua hirviendo, tape y reserve por 30 minutos. Drenar.
2. Mientras tanto, en un recipiente pequeño, agregue el pesto y el jugo de limón y bata hasta que se mezclen.
3. Vierta la mezcla de pesto sobre el bulgur. Añada los tomates, el feta, los garbanzos, los cebollines, el perejil, el pimiento y el edamame. Mezcle para combinar.

□

Macarrones con alto contenido proteico y queso

Porciones: 4
Tiempo de preparación: 5 minutos
Cocción: 40 minutos
(Por porción)
Calorías: 386
Proteína: 22 gramos
Carbohidratos: 61 gramos
Grasa: 7 gramos

Ingredientes
- 1 taza de fideos de macarrones integrales (secos), cocidos
- 1 cucharada de mantequilla
- 1/4 taza de harina integral
- 2 1/2 tazas de leche descremada
- 2 onzas de queso procesado pasteurizado ligero, cortado en cubos
- 1/2 taza de queso cheddar bajo en grasa, rallado
- 1 cucharadita de mostaza Dijon
- sal y pimienta negra molida, al gusto
- 2 cucharadas de pan rallado simple

Direcciones
1. Precaliente el horno a 350°F.
2. Coloque una cacerola mediana a fuego medio-bajo. Añadir la margarina y derretir, una vez derretida añadir la harina y cocinar durante 1 minuto, revolviendo constantemente.
3. Incorporar la leche y calentar hasta que hierva. Revuelva constantemente, hasta que espese, aproximadamente 1 minuto. Agregue el queso procesado, el queso cheddar y la mostaza, continúe removiendo hasta que el queso se derrita.
4. Coloque los macarrones en una cazuela de 2 cuartos. Vierta la salsa y mezcle. Sazone con sal y pimienta, luego espolvoree con pan rallado.
5. Coloque en el horno y hornee por 30 - 40 minutos, o hasta que el queso esté burbujeante y la corteza esté dorada.

□

Panini de manzana y queso cheddar

Porciones: 4
Tiempo de preparación: Menos de 5 minutos
Cocción: 15 minutos
(Por porción)
Calorías: 344
Proteína: 23 gramos
Carbohidratos: 48 gramos
Grasa: 7 gramos

Ingredientes
- 8 rebanadas de pan integral
- 4 cucharadas de mostaza de miel baja en grasa
- 2 manzanas, cortadas en rodajas finas
- 8 onzas de queso cheddar bajo en grasa, cortado en rodajas finas

Direcciones

1. Si tiene una plancha para paninis o una parrilla de sobremesa, precaliente a fuego medio. Si no, cubra una sartén con rocío de cocina y colóquela a fuego medio.
2. Esparza 1 cucharada de mostaza de miel uniformemente sobre cada rebanada de pan, luego divida uniformemente las rebanadas de manzana y el queso para hacer 4 sándwiches.
3. Coloque en la sartén y cubra con una tapa o algo para presionar el sándwich. Cocine de 2 a 3 minutos y voltee, aplique una capa fresca de rocío de cocina cuando voltee.

□

Ensalada griega de pasta

Porciones: 6
Tiempo de preparación: 5 minutos
Cocción: 20 minutos
(Por porción)
Calorías: 501
Proteína: 19 gramos
Carbohidratos: 73 gramos
Grasa: 13 gramos

Ingredientes
- 8 onzas de pasta de moño de grano entero
- 2 tomates medianos, picados
- 2 dientes de ajo, picados
- 1 cucharada de aceite de oliva extra virgen
- 2 cucharadas de vinagre de vino tinto
- 1 lata (15 onzas) de garbanzos, escurridos y enjuagados
- 1 pepino mediano, picado en trozos de 1/2 pulgada
- 1/2 taza de queso feta bajo en grasa, desmenuzado
- 1/3 taza de aceitunas Kalamata deshuesadas, cortadas en cuartos
- 2 cucharadas de orégano fresco, picado

Direcciones

1. Cocine la pasta según las instrucciones del paquete.
2. Mientras tanto, en un recipiente grande, agregue los tomates, el ajo, el aceite y el vinagre. Mezcle bien.
3. Escurrir la pasta y enjuagar con agua fría hasta que se enfríe. Vierta la pasta sobre la mezcla de tomate. Añada los garbanzos, el pepino, el feta, las aceitunas y el orégano. Mezcle para combinar.

□

Habichuelas a la boloñesa

Porciones: 4
Tiempo de preparación: 5 minutos
Cocción: 25 minutos
(Por porción)
Calorías: 357
Proteína: 17 gramos
Carbohidratos: 59 gramos
Grasa: 2 gramos

Ingredientes

- 1 cebolla pequeña, picada
- 1/2 taza de zanahorias, picadas
- 1/4 taza de apio, picado
- 1/2 cucharadita de sal
- 1 lata (14 onzas) de frijoles rojos, escurridos y enjuagados
- 4 dientes de ajo, picados
- 1 hoja de laurel
- 1/2 taza de vino blanco
- 1 lata (14 onzas) de tomates cortados en cubos, con líquido
- 1/4 taza de perejil fresco, picado
- 8 onzas de fettuccine integral
- 1/4 taza de queso parmesano bajo en grasa, rallado

Direcciones

1. Cubra una cacerola mediana con rocío de cocina y colóquela a fuego medio. Añada la cebolla, la zanahoria, el apio y la sal y mezcle bien. Tape y deje cocinar, revolviendo ocasionalmente, por 10 minutos, o hasta que los vegetales se hayan ablandado.

2. Mientras tanto, en un recipiente pequeño, agregue 1/2 taza de los frijoles y muela con un tenedor.

3. Añada el ajo y la hoja de laurel a la cacerola y cocine por 15 segundos, hasta que esté fragante. Agregue el vino y aumente el fuego a alto y deje hervir de 3 a 4 minutos, o hasta que el vino se evapore en su mayor parte. Añada los tomates, el perejil y el puré de frijoles. Reduzca el fuego a medio y cocine a fuego lento, revolviendo ocasionalmente, durante 5 ó 6 minutos, o hasta que la salsa haya espesado.

4. Agregue el resto de los frijoles y cocine hasta que estén bien calientes, de 2 a 3 minutos. Retire del fuego y retire la hoja de laurel.

5. Mientras tanto, cocine la pasta según las instrucciones del paquete. Vierta la pasta escurrida en la salsa y revuelva para cubrirla. Divida en 4 porciones, cubra cada porción con 1 cucharada de queso parmesano.

Pizza de Pita Speedy

Porciones: 1
Tiempo de preparación: 5 minutos
Cocción: 2 - 5 minutos
(Por porción)
Calorías: 293
Proteína: 32 gramos
Carbohidratos: 28 gramos
Grasa: 9 gramos

Ingredientes
- 1 panecillo integral
- 1 taza de espinaca bebé
- 1/2 (14 onzas) paquete de tofu extra firme bajo en grasa, cortado en cubos
- 1/4 taza de queso mozzarella bajo en grasa, rallado
- 1/2 limón, jugoso
- sal y pimienta negra molida, al gusto

Direcciones
1. Cubra el pan pita con la espinaca, el tofu y la mozzarella. Sazonar con sal y pimienta y espolvorear con zumo de limón.
2. Coloque en el horno tostador (4 - 5 minutos) o en el microondas (2 - 3 minutos) hasta que el queso se haya derretido a la consistencia deseada.

Berenjena a la parmesana

Porciones: 6
Tiempo de preparación: 5 - 10 minutos
Cocción: 1 hr 15 min.
(Por porción)
Calorías: 255
Proteína: 19 gramos
Carbohidratos: 30 gramos
Grasa: 6 gramos

Ingredientes

- 2 libras de berenjena, pelada y cortada en rodajas gruesas
- 4 claras de huevo
- 1 cucharada de agua
- 1/2 taza de pan rallado sazonado
- 1 taza de queso parmesano bajo en grasa, rallado
- 1/2 taza de hojas de albahaca fresca, picadas
- 1/2 cucharadita de hojuelas de pimiento rojo
- 2 cucharaditas de ajo picado
- 1/4 cucharadita de sal
- 2 tazas de queso ricotta sin grasa
- 3 tazas de salsa para pasta (a su elección)
- 1/2 taza de queso mozzarella bajo en grasa, rallado

Direcciones

1. Precaliente el horno a 375°F. Cubra 2 bandejas grandes para hornear con rocío de cocina.
2. En un recipiente pequeño, agregue 3 de las claras de huevo y 1 cucharada de agua. En un recipiente pequeño separado, agregue el pan rallado y 1/4 de taza de queso parmesano. Uno a la vez, sumerja las rodajas de berenjena en la mezcla de huevo y luego en la mezcla de pan rallado para cubrirlas.
3. Coloque las rodajas de berenjena en la bandeja para hornear y hornee durante 30 minutos o hasta que estén doradas, volteando las berenjenas y girando las bandejas para hornear después de 15 minutos.
4. Mientras tanto, en un recipiente mediano, agregue la albahaca, las hojuelas de pimiento rojo, el ajo, la sal, el queso ricotta, 1/4 de taza de parmesano y el resto de la clara de huevo. Mezcle bien.
5. Cubra una bandeja para hornear en aerosol para cocinar. Comience

por crear una capa de ½ taza de salsa para pasta en el fondo de la sartén, seguido de una capa de berenjena. Cubra con aproximadamente ¾ taza de salsa para pasta, seguido por la mitad de la mezcla de ricotta, luego 1/3 de la mozzarella. Repita este proceso de estratificación una vez más. Termine espolvoreando queso mozzarella por encima.

6. Cúbralo firmemente con papel de aluminio recubierto con rocío de cocina. Hornee durante 35 minutos. Retire el papel de aluminio y cubra con la tercera parte restante de la mozzarella. Regrese al horno por otros 10 minutos, o hasta que la salsa esté burbujeante y el queso esté derretido.

□

Pastel de Frijoles de Siete Capas

Porciones: 6
Tiempo de preparación: 15 minutos
Cocción: 40 minutos
(Por porción)
Calorías: 401
Proteína: 26 gramos
Carbohidratos: 62 gramos
Grasa: 6 gramos

Ingredientes

- 2 latas (15 onzas) de frijoles pintos, escurridos y enjuagados
- 1 taza de salsa, dividida
- 2 dientes de ajo, picados
- 2 cucharadas de cilantro fresco, picado
- 1 lata (15 onzas) de frijoles negros, escurridos y enjuagados
- 1/2 taza de tomates, picados
- 7 (8 pulgadas) tortillas integrales
- 2 tazas de queso cheddar bajo en grasa, rallado
- 6 cucharadas de crema agria sin grasa.

Direcciones

1. Precaliente el horno a 400°F. Cubra un plato para tarta o una fuente para tartas con rocío de cocina.
2. En un recipiente grande para mezclar, agregue los frijoles pintos y el puré. Agregue 3/4 taza de la salsa y el ajo y mezcle hasta que estén bien mezclados.
3. En un recipiente aparte, agregue los frijoles negros, el cilantro, los tomates y la salsa restante de 1/4 de taza. Mezclar hasta que estén bien mezclados.
4. Para construir el pastel, coloque 1 tortilla sobre el molde, cubra con 3/4 de taza de la mezcla de frijoles pintos, asegúrese de dejar 1/2 pulgada de espacio en los bordes. Cubrir con 1/4 de taza de queso y luego otra tortilla. Para la siguiente capa, extienda 2/3 de taza de la mezcla de frijoles negros, luego cubra con 1/4 de taza del queso. Repita este proceso de estratificación dos veces.
5. Después de cubrir con la tortilla final, extienda el resto de la mezcla de frijoles pintos y el queso por encima. Cubrir con papel de aluminio y hornear durante 40 minutos.

6. Retirar del horno y cortar en 6 trozos. Sirva cada porción con 1 cucharada de crema agria.

□

Tacos de Tempeh con salsa de crema de aguacate y limón

Porciones: 2 (2 tacos por porción)
Tiempo de preparación: 2 horas
Cocción: 2 - 3 minutos
(Por porción)
Calorías: 523
Proteína: 24 gramos
Carbohidratos: 44 gramos
Grasa: 30 gramos

Ingredientes

- 1 bloque (6 onzas) de tempeh, cortado en cubos
- 1 cucharadita de aceite de oliva extra virgen
- 1 cucharadita de salsa de soya baja en sodio
- 1 cucharadita de jarabe de arce
- 1/4 cucharadita de pimienta negra molida
- 1 cucharadita de salsa vegana Worcestershire
- 1/2 cucharadita de condimento para barbacoa
- 1/4 cucharadita de comino
- 1/8 taza de anacardos, remojados en agua durante la noche
- 1/2 aguacate pequeño
- 2 cucharadas de jugo de limón
- 1/4 taza de agua
- 1/2 cucharadita de sal sazonada
- 4 (6 pulgadas) tortillas de maíz
- 4 cucharadas de salsa

Direcciones

1. En una bolsa grande con cierre, combine el tempeh, el aceite de oliva, la salsa de soya, el jarabe de arce, la pimienta, la salsa Worcestershire, el condimento para barbacoa y el comino. Selle y mezcle, coloque en el refrigerador por lo menos 2 horas o toda la noche.

2. Caliente una sartén grande a fuego medio-alto y cúbrala con rocío de cocina. Añadir el tempeh y saltear durante un par de minutos, hasta que esté dorado y crujiente.

3. Mientras tanto, vacía los anacardos. En una licuadora o procesador de alimentos, agregue las nueces de la India, el aguacate, el jugo de limón, el

agua y la sal sazonada. Mezcle hasta que esté suave.

4. Cubra las tortillas con porciones iguales de tempeh y la cantidad deseada de salsa de limón y salsa.

□

Tofu Puttanesca

Porciones: 2
Tiempo de preparación: 5 minutos
Cocción: 20 minutos
(Por porción)
Calorías: 225
Proteína: 21 gramos
Carbohidratos: 11 gramos
Grasa: 12 gramos

Ingredientes
- 1 libra de tofu extra firme, cortado en cubos
- 4 dientes de ajo, cortados en rodajas finas
- 1/2 cucharadita de hojuelas de pimiento rojo trituradas
- 4 tomates romanos, cortados en cubitos
- 2 cucharadas de tomillo fresco picado
- 2 cucharadas de orégano fresco, picado
- 1/2 taza de aceitunas mezcladas, picadas
- 1 cucharada de alcaparras
- sal y pimienta negra molida, al gusto

Direcciones

1. Cubra una sartén grande con rocío de cocina y colóquela a fuego medio. Una vez caliente, agregue el ajo y saltee de 1 a 2 minutos, hasta que esté ligeramente dorado.
2. Agregue el tofu y las hojuelas de pimiento rojo y sofría durante unos 10 minutos, o hasta que el tofu esté dorado. Agregue otra capa de rocío de cocina después de un par de minutos para evitar que se queme.
3. Añada los tomates, el tomillo y el orégano y cocine durante unos 5 minutos, o hasta que los tomates se hayan descompuesto. Agregue las aceitunas, alcaparras, sal y pimienta y saltee por otro minuto o hasta que los sabores se hayan mezclado.

□

Hamburguesas de Frijoles Negros

Porciones: 3 (1 hamburguesa por porción)
Tiempo de preparación: 5 - 10 minutos
Cocción: 5 - 8 minutos
(Por porción)
Calorías: 280
Proteína: 15 gramos
Carbohidratos: 57 gramos
Grasa: 2 gramos

Ingredientes
- 1 lata (15 onzas) de frijoles negros
- 1/2 cebolla, cortada en cubos
- 1 cucharadita de ajo en polvo
- 1 cucharadita de cebolla en polvo
- 1/2 cucharadita de sal sazonada
- 1/2 taza de harina integral
- 2 rebanadas de pan integral, desmenuzado

Direcciones

1. Cubra una sartén grande con rocío de cocina y colóquela a fuego medio. Agregue las cebollas y saltee hasta que se ablanden, aproximadamente de 3 a 5 minutos.

2. Mientras tanto, en un recipiente grande, agregue los frijoles negros y muela hasta que sólo queden unos pocos trozos. Añada la cebolla, el ajo en polvo, la cebolla en polvo, la sal y el pan integral. Agregue la harina lentamente, un par de cucharadas a la vez, para evitar que se amontonen.

3. Divida en 3 porciones y forme las hamburguesas. Vuelva a cubrir la sartén que usó para las cebollas en el rocío de cocina y fría las hamburguesas hasta que estén ligeramente firmes, de 2 a 3 minutos por cada lado.

□

Guiso rápido de frijoles y calabaza

Porciones: 4
Tiempo de preparación: 10 minutos
Cocción: 20 - 25 minutos
(Por porción)
Calorías: 303
Proteína: 15 gramos
Carbohidratos: 62 gramos
Grasa: 1 gramo

Ingredientes
- 1 1/2 tazas de cebolla, picada
- 1 1/2 tazas de pimiento verde picado
- 2 cucharaditas de ajo picado
- 1 cucharada de harina integral
- 2 tazas de calabaza butternut, pelada y cortada en cubos
- 2 latas (16 onzas) de tomates picados bajos en sodio, con líquido
- 1 lata (15 onzas) de frijoles rojos escurridos y enjuagados
- 1 lata (13 onzas) de frijoles baby lima, escurridos y enjuagados
- sal y pimienta negra molida, al gusto

Direcciones

1. Cubra una cacerola grande con rocío de cocina y colóquela a fuego medio.
2. Añada la cebolla, el pimiento y el ajo y sofría hasta que estén tiernos, unos 7 minutos. Añada la harina y cocine por 1 minuto.
3. Añadir el resto de los ingredientes y llevar a ebullición. Reduzca el fuego y cocine a fuego lento de 10 a 15 minutos, o hasta que los frijoles estén tiernos.

□

Hamburguesas de Almendra Cruda de Linaza

Porciones: 2 (2 hamburguesas por porción)
Tiempo de preparación: 5 - 8 minutos
(Por porción)
Calorías: 280
Proteína: 9 gramos
Carbohidratos: 11 gramos
Grasa: 24 gramos

Ingredientes
- 1 diente de ajo
- 1 taza de almendras crudas
- 1/2 taza de linaza molida
- 2 cucharadas de vinagre balsámico
- 1 cucharada de aceite de coco
- 1/4 cucharadita de sal

Direcciones

1. Coloque todos los ingredientes en un procesador de alimentos o licuadora y mezcle hasta que estén bien combinados.
2. Retire del procesador de alimentos. Divida la mezcla uniformemente y forme cuatro hamburguesas.

□

Curry de calabaza y tofu

Porciones: 4
Tiempo de preparación: 5 - 10 minutos
Cocción: 25 minutos
(Por porción)
Calorías: 269
Proteína: 16 gramos
Carbohidratos: 33 gramos
Grasa: 10 gramos

Ingredientes

- 2 cucharadas de curry en polvo
- 1/2 cucharadita de sal
- 1/4 cucharadita de pimienta negra molida
- 1 libra de tofu extra firme bajo en grasa, cortado en cubos
- 1 calabaza grande, cortada a la mitad, sin semillas y cortada en cubos de 1 pulgada
- 1 cebolla mediana, picada
- 2 cucharaditas de jengibre fresco, rallado
- 1 lata (14 onzas) de leche de coco "ligera
- 1 cucharadita de azúcar morena
- 8 tazas de col rizada, picada y sin tallos
- 1 cucharada de jugo de limón

Direcciones

1. En un recipiente pequeño, agregue el polvo de curry, sal y pimienta. Combine para hacer el aderezo. En un tazón grande, agregue el tofu y 1 cucharadita del condimento, revuelva para cubrirlo.
2. Cubra una sartén antiadherente grande con rocío de cocina y colóquela a fuego medio-alto. Agregue el tofu y cocine, girando cada 2 minutos, hasta que se dore, aproximadamente 8 minutos en total. Páselo a un plato y déjelo a un lado.
3. Vuelva a cubrir la sartén con rocío de cocina, agregue la calabaza, la cebolla, el jengibre y el resto del condimento. Cocine, revolviendo ocasionalmente, hasta que las verduras estén tiernas y ligeramente doradas, unos 5 minutos.
4. Agregue la leche de coco y el azúcar moreno y deje hervir. Agregue la mitad de la col rizada y cocine hasta que esté ligeramente marchita, aproximadamente 1 minuto. Añada el resto de la col rizada y cocine por un

minuto más.

5. Vuelva a colocar el tofu en la sartén y mezcle bien. Tape y cocine, revolviendo ocasionalmente, hasta que la calabaza esté tierna, aproximadamente de 4 a 5 minutos. Retire del fuego y agregue el jugo de limón.

□

Chili de tofu

Porciones: 4
Tiempo de preparación: 10 - 15 minutos
Cocción: 45 minutos
(Por porción)
Calorías: 334
Proteína: 23 gramos
Carbohidratos: 50 gramos
Grasa: 6 gramos

Ingredientes

- 1 paquete (14 onzas) de tofu extra firme, escurrido y desmenuzado
- 1 cebolla mediana, cortada en cubitos
- 1 pimiento verde, cortado en cubitos
- 3 dientes de ajo, picados
- 1 taza de hongos, cortados en rodajas
- 3 cucharadas de chile en polvo
- 1/4 cucharadita de sal
- 1/4 cucharadita de pimienta negra molida
- 1/4 cucharadita de pimienta de cayena
- 1/2 cucharadita de comino
- 1 lata (14 onzas) de salsa de tomate
- 1 lata (28 onzas) de tomates cortados en cubos, con líquido
- 1 lata (28 onzas) de frijoles rojos, escurridos y enjuagados
- 1 cucharadita de estevia u otro edulcorante natural

Direcciones

1. Cubra una olla grande con rocío de cocina y colóquela a fuego medio. Añada el tofu y sofría durante unos 3 minutos, hasta que esté ligeramente dorado.

2. Agregue las cebollas, los pimientos verdes, el ajo, los hongos, el chile en polvo, la sal, la pimienta, la cayena y el comino. Cocine durante unos 5 minutos o hasta que las verduras estén tiernas.

3. Agregue la salsa de tomate, los tomates picados, los frijoles rojos y la stevia. Tape y reduzca el fuego a medio-bajo. Deje hervir a fuego lento por lo menos 45 minutos, hasta que el chile alcance la consistencia y el sabor deseados.

□

Pasta Penne de Nogal

Porciones: 4
Tiempo de preparación: 5 minutos
Cocción: 15 - 20 minutos
(Por porción)
Calorías: 349
Proteína: 20 gramos
Carbohidratos: 49 gramos
Grasa: 11 gramos

Ingredientes
- 8 onzas (seco) de granos enteros penne
- 2 dientes de ajo, picados
- 1/3 taza de nueces, picadas
- 3/4 taza de tomates secados al sol en aceite, escurridos y picados
- 1 cucharada de albahaca fresca, picada
- 1 libra de tofu extra firme bajo en grasa, escurrido y desmenuzado
- 1/8 cucharadita de sal

Direcciones
1. Cocine la pasta según las instrucciones del paquete.
2. Mientras tanto, en un recipiente grande, agregue el ajo, las nueces, los tomates secos, la albahaca, el tofu y la sal. Mezcle bien. Agregue la pasta cocida, revuelva hasta que esté bien mezclada. Se puede servir caliente o frío.

□

Salteado de brócoli chipotle y tofu

Porciones: 4
Tiempo de preparación: Menos de 5 minutos
Cocción: 15 - 20 minutos
(Por porción)
Calorías: 173
Proteína: 19 gramos
Carbohidratos: 15 gramos
Grasa: 4 gramos

Ingredientes
- 2 paquetes (14 onzas) de tofu extra firme bajo en grasa, escurrido y cortado en cubos
- 1/2 cucharadita de sal, dividida
- 6 tazas de ramilletes de brócoli
- 1 taza de jugo de naranja
- 1 cucharada de chiles chipotle en adobo, picados
- 1/2 taza de cilantro fresco, picado

Direcciones
1. Cubra una sartén antiadherente grande con rocío de cocina y colóquela a fuego medio-alto. Añadir el tofu y 1/4 cucharadita de sal. Revuelva ocasionalmente y cocine de 7 a 9 minutos, o hasta que se doren por todos lados. Páselo a un plato y déjelo a un lado.

2. Vuelva a cubrir la sartén con rocío de cocina, agregue el brócoli y la 1/4 de cucharadita de sal restante. Saltee durante 1 ó 2 minutos, hasta que el brócoli esté verde brillante. Añadir el zumo de naranja y los chiles chipotle. Continúe salteando de 2 a 3 minutos más, hasta que el brócoli esté tierno.

3. Vuelva a colocar el tofu en la sartén y cocine de 1 a 2 minutos, hasta que el tofu esté bien caliente. Retire del fuego y agregue el cilantro.

□

Salteado de tofu picante de Szechuan

Porciones: 4
Tiempo de preparación: 10 minutos
Cocción: 15 - 20 minutos
(Por porción)
Calorías: 180
Proteína: 20 gramos
Carbohidratos: 22 gramos
Grasa: 4 gramos

Ingredientes

- 2 paquetes (14 onzas) de tofu extra firme bajo en grasa, escurrido y cortado en cubos
- 1/4 taza de salsa de soya baja en sodio
- 1 cucharada de pasta de tomate
- 2 cucharaditas de vinagre balsámico
- 1/2 cucharadita de estevia u otro edulcorante natural
- 1/4 cucharadita de hojuelas de pimiento rojo
- 2 cucharadas soperas más 1 cucharadita de maicena, dividida
- 1/2 taza de agua, dividida
- 4 tazas de frijoles verdes, cortados en mitades
- 4 dientes de ajo, picados
- 2 cucharaditas de jengibre fresco, picado

Direcciones

1. En un tazón pequeño, agregue la salsa de soya, la pasta de tomate, el vinagre, la stevia, las hojuelas de pimiento rojo, 1 cucharadita de maicena y 1/4 de taza de agua. Batir juntos hasta que estén bien mezclados y reservar. En un tazón separado, agregue el tofu y 2 cucharadas de maicena, revuelva para cubrir.
2. Cubra una sartén grande con rocío de cocina y colóquela a fuego medio-alto. Agregue el tofu y cocine, revolviendo ocasionalmente, de 4 a 5 minutos, hasta que esté ligeramente dorado y crujiente por todos lados. Páselo a un plato y déjelo a un lado.
3. Vuelva a cubrir la sartén con rocío de cocina y reduzca el fuego a medio. Agregue los frijoles verdes, el ajo y el jengibre y sofría durante 1 minuto. Agregue la taza de agua restante de ¼, tape y deje cocinar de 3 a 4 minutos, o hasta que los frijoles verdes estén tiernos.
4. Déle a la mezcla de salsa de soja un batidor rápido y vierta sobre los

frijoles verdes. Cocine, revolviendo constantemente, durante 1 ó 2 minutos o hasta que la salsa haya espesado. Agregue el tofu y cocine hasta que esté bien caliente, aproximadamente de 1 a 2 minutos.

□

Recetas de Suplementos

Crema de Jerez-Asiago Coles de Bruselas
Porciones: 4
Tiempo de preparación: 5 minutos
Cocción: 15 - 20 minutos
(Por porción)
Calorías: 112
Proteína: 8 gramos
Carbohidratos: 15 gramos
Grasa: 4 gramos

Ingredientes
- 1 libra de coles de Bruselas, cortadas y cortadas a la mitad
- 2 cucharadas de chalotas, picadas
- 1 cucharada de harina para todo uso
- 2/3 taza de leche descremada
- 2 cucharadas de jerez seco
- 1/3 taza de queso Asiago, rallado
- 1/4 cucharadita de sal
- 1/8 cucharadita de pimienta negra molida

Direcciones

1. Coloque una cacerola grande con aproximadamente 1 pulgada de agua a fuego medio-alto y lleve a ebullición. Coloque las coles de Bruselas en una cesta de vapor y cocine al vapor hasta que estén tiernas, de 7 a 9 minutos.

2. Mientras tanto, cubra una cacerola pequeña con rocío de cocina y colóquela a fuego medio. Agregue los chalotes y sofría hasta que estén tiernos, de 1 a 2 minutos. Agregue la harina y revuelva para mezclar.

3. Vierta la leche y el jerez y deje hervir a fuego lento, batiendo constantemente. Reduzca el fuego a medio-bajo y hierva a fuego lento, batiendo a menudo, hasta que espese, unos 3 minutos.

4. Retire del fuego, añada el queso, la sal y la pimienta. Coloque las coles de Bruselas en un recipiente grande y vierta la salsa, revuelva para cubrir.

□

Espinacas salteadas

Porciones: 2
Tiempo de preparación: Menos de 5 minutos
Cocción: 2 - 3 minutos
(Por porción)
Calorías: 69
Proteína: 4 gramos
Carbohidratos: 14 gramos
Grasa: 1 gramo

Ingredientes
- 6 tazas (bolsa de 10 onzas) de espinacas frescas, enjuagadas
- 2 cucharadas de pasas doradas
- 1 cucharada de piñones
- 2 dientes de ajo, picados
- 2 cucharaditas de vinagre balsámico
- 1/8 cucharadita de sal
- pimienta negra molida, al gusto
- 1 cucharada de queso parmesano bajo en grasa, rallado

Direcciones

1. Cubra una sartén o cacerola antiadherente grande en aerosol para cocinar y colóquela a fuego medio-alto. Una vez caliente, agregue las pasas, los piñones y el ajo. Saltee hasta que esté fragante, unos 30 segundos.

2. Agregue las espinacas y saltee hasta que se marchiten, aproximadamente 2 minutos. Retire del fuego, añada el vinagre, la sal y la pimienta. Revuelva y espolvoree con parmesano.

□

Edamame salado

Porciones: 4
Cocción: 5 - 8 minutos
(Por porción)
Calorías: 50
Proteína: 4 gramos
Carbohidratos: 5 gramos
Grasa: 1 gramo

Ingredientes
- 1 taza de edamame, con cáscara
- sal, al gusto

Direcciones
1. Coloque una cacerola grande a fuego medio-bajo. Agregue 2 cuartos de galón de agua y edamame. Tape y deje hervir a fuego lento hasta que esté tierno, aproximadamente de 5 a 8 minutos.
2. Escurrir y espolvorear con sal.
□

Ensalada de tres frijoles

Porciones: 2 - 3
Tiempo de preparación: 5 minutos (4 horas en la nevera)
(Por porción)
Calorías: 195
Proteína: 6 gramos
Carbohidratos: 22 gramos
Grasa: 9 gramos

Ingredientes
- 1 lata (16 onzas) de frijoles verdes, escurridos y enjuagados
- 1 lata (16 onzas) de frijoles de cera amarilla, escurridos y enjuagados
- 1 lata (16 onzas) de frijoles rojos escurridos y enjuagados
- 4 cucharadas de stevia u otro edulcorante natural
- 2/3 taza de vinagre
- 1/4 taza de aceite vegetal
- 1/2 cucharadita de sal
- 1/2 cucharadita de pimienta negra molida
- 1 cebolla, cortada en rodajas finas

Direcciones

1. En un tazón grande, agregue la stevia, el vinagre, el aceite, la sal y la pimienta y bata juntos para hacer el aderezo. Vierta los frijoles y las cebollas y revuelva para cubrirlos.

2. Cubra y coloque en el refrigerador durante al menos 4 horas o toda la noche para que se enfríe, mejor si se revuelve ocasionalmente. Si lo desea, puede escurrir el exceso de líquido antes de servir.

□

Ensalada Fácil de Habichuelas Blancas

Porciones: 6
Tiempo de preparación: 5 minutos
Tiempo de enfriamiento: 30 minutos
(Por porción)
Calorías: 143
Proteína: 6 gramos
Carbohidratos: 25 gramos
Grasa: 11 gramos

Ingredientes
- 2 latas (15 onzas) de frijoles Great Northern, escurridos y enjuagados
- 1/2 libra de tomates ciruela, picados
- 1/2 taza de hojas de albahaca fresca, picadas
- 1 cucharadita de sal
- 1/2 cucharadita de pimienta negra molida
- 3 dientes de ajo, picados
- 4 cucharadas de aceite de oliva extra virgen

Direcciones

1. Cubra una sartén antiadherente grande con rocío de cocina y colóquela a fuego medio. Agregue el ajo y sofría hasta que esté ligeramente dorado, de 1 a 2 minutos.
2. Mientras tanto, en una ensaladera grande, agregue los frijoles, los tomates, la albahaca, la sal y la pimienta. Vierta el ajo y el aceite sobre la ensalada y revuelva para combinar.
3. Deje reposar la ensalada por lo menos 30 minutos para permitir que los sabores se combinen.

□

Guisantes a la italiana

Porciones: 4
Tiempo de preparación: Menos de 5 minutos
Cocción: 25 minutos
(Por porción)
Calorías: 91
Proteína: 4 gramos
Carbohidratos: 14 gramos
Grasa: 3 gramos

Ingredientes
- 1 puerro grande (sólo la parte blanca), lavado, cortado a la mitad a lo largo y cortado en tiras de 2 pulgadas
- 1 libra de guisantes azucarados, recortados
- 2 cucharaditas de aceite de oliva extra virgen
- 1/2 cucharadita de sal
- 1 taza de tomates cherry, cortados por la mitad
- 1 cucharadita de orégano seco

Direcciones

1. Precaliente el horno a 425°F. Cubra una bandeja para hornear con rocío de cocina.
2. En un recipiente grande, agregue los puerros, los guisantes, el aceite de oliva y la sal. Mezcle para combinar.
3. Extender la mezcla sobre una bandeja para hornear y asar durante 15 minutos. Agregue los tomates y ase por 10 minutos más, o hasta que los vegetales comiencen a dorarse. Espolvorear con orégano.

□

Succotash de maíz y edamame

Porciones: 4
Tiempo de preparación: 5 minutos
Cocción: 6 min.
(Por porción)
Calorías: 126
Proteína: 6 gramos
Carbohidratos: 15 gramos
Grasa: 5 gramos

Ingredientes
- 1 cucharada de aceite de canola
- 1/2 taza de pimiento rojo picado
- 1/4 taza de cebolla, picada
- 2 dientes de ajo, picados
- 2 tazas de granos de maíz fresco
- 3 cucharadas de vino blanco seco
- 1 1/2 tazas de frijoles edamame, cocidos según el paquete
- 2 cucharadas de vinagre de arroz
- 2 cucharadas de perejil fresco, picado
- 2 cucharadas de albahaca fresca, picada
- 1/2 cucharadita de sal
- 1/4 cucharadita de pimienta negra molida

Direcciones

1. Coloque una sartén antiadherente grande a fuego medio, agregue el aceite y caliente. Una vez caliente, agregue el pimiento, la cebolla y el ajo. Saltee hasta que las verduras estén tiernas, aproximadamente 2 minutos.
2. Agregue el maíz, el vino blanco y el edamame y continúe salteando durante unos 4 minutos, hasta que los sabores estén bien combinados.
3. Retire del fuego y añada el vinagre, el perejil, la albahaca, la sal y la pimienta.

□

Brócoli de jengibre asiático

Porciones: 4
Tiempo de preparación: Menos de 5 minutos
Cocción: 6 min.
(Por porción)
Calorías: 73
Proteína: 4 gramos
Carbohidratos: 8 gramos
Grasa: 4 gramos

Ingredientes
- 1 cucharada de aceite de canola
- 2 cucharadas de ajo picado
- 4 cucharaditas de jengibre fresco, picado
- 5 tazas de coronas de brócoli, divididas por la mitad
- 3 cucharadas de agua
- 1 cucharada de vinagre de arroz

Direcciones

1. Caliente el aceite en una sartén grande a fuego medio-alto. Agregue el ajo y el jengibre y sofría hasta que estén perfumados, aproximadamente 45 segundos. Agregue el brócoli y saltee hasta que el brócoli esté verde brillante, aproximadamente 2 minutos.

2. Vierta el agua, revuelva y cubra. Reduzca el fuego a medio y cocine hasta que el brócoli esté tierno, aproximadamente 3 minutos. Revuelva con vinagre.

□

Coliflor salteada

Porciones: 4
Tiempo de preparación: Menos de 5 minutos
Cocción: 10 minutos
(Por porción)
Calorías: 38
Proteína: 3 gramos
Carbohidratos: 8 gramos
Grasa: 0 gramos

Ingredientes
- 4 tazas de ramilletes de coliflor, picados
- 2 cucharadas de agua
- 2 cucharaditas de vinagre de vino tinto
- 1 taza de tomates uva, cortados por la mitad
- 2 cucharadas de perejil fresco, picado
- 1 cucharada de ajo picado
- 1/4 cucharadita de sal
- 1/4 cucharadita de pimienta negra molida

Direcciones

1. Cubra una sartén antiadherente grande con rocío de cocina y colóquela a fuego medio. Añadir la coliflor, tapar y cocer durante 4 minutos, revolviendo ocasionalmente.
2. Vierta el agua y el vinagre, revuelva para combinar y cubrir. Deje cocinar hasta que la coliflor esté dorada y tierna y el líquido se haya evaporado, unos 4 minutos más.
3. Añadir los tomates, el perejil, el ajo, la sal y la pimienta. Cocine hasta que los tomates se hayan ablandado y los sabores se hayan combinado, aproximadamente 2 minutos más.

□

Champiñones al ajo y romero

Porciones: 4
Tiempo de preparación: Menos de 5 minutos
Cocción: 10 minutos
(Por porción)
Calorías: 52
Proteína: 6 gramos
Carbohidratos: 7 gramos
Grasa: 1 gramo

Ingredientes
- 1 libra de hongos mezclados, cortados en rebanadas de 1/4 de pulgada
- 2 dientes de ajo, finamente picados
- 1/2 cucharada de romero fresco, picado
- 1/4 cucharadita de sal
- 1/8 cucharadita de pimienta negra molida
- 1/4 taza de vino blanco seco

Direcciones

1. Cubra una sartén grande con rocío de cocina y colóquela a fuego medio. Agregue los hongos, el ajo, el romero, la sal y la pimienta.
2. Cocine hasta que los hongos estén blandos, aproximadamente 8 minutos, revuelva ocasionalmente. Vierta el vino y revuelva, cocine hasta que se evapore por completo, de 1 a 2 minutos.

□

Brócoli Mediterráneo

Porciones: 4
Tiempo de preparación: 5 minutos
Cocción: 10 - 12 minutos
(Por porción)
Calorías: 85
Proteína: 2 gramos
Carbohidratos: 8 gramos
Grasa: 4 gramos

Ingredientes
- 4 tazas de ramilletes de brócoli
- 1 taza de tomates cherry
- 1 cucharada de aceite de oliva extra virgen
- 2 dientes de ajo, picados
- 1/4 cucharadita de sal
- 1/2 cucharadita de cáscara de limón
- 1 cucharada de jugo de limón
- 1/4 taza de aceitunas negras, sin semillas y cortadas en rodajas
- 1 cucharadita de orégano seco
- 2 cucharaditas de alcaparras, enjuagadas

Direcciones

1. Precaliente el horno a 450°F. Cubra una bandeja para hornear con rocío de cocina.
2. En un recipiente grande, agregue el brócoli, los tomates, el aceite de oliva, el ajo y la sal y revuelva para cubrir. Extender en la bandeja para hornear y hornear hasta que el brócoli comience a dorarse, de 10 a 12 minutos.
3. Mientras tanto, tome el tazón grande para mezclar y agregue la ralladura de limón, el jugo de limón, las aceitunas, el orégano y las alcaparras. Agregue las verduras cocidas y revuelva para mezclar.

□

Salteado de espárragos

Porciones: 4
Tiempo de preparación: Menos de 5 minutos
Cocción: 8 - 10 minutos
(Por porción)
Calorías: 30
Proteína: 3 gramos
Carbohidratos: 6 gramos
Grasa: 0 gramos

Ingredientes
- 1/4 de cebolla mediana, picada
- 1 libra de espárragos frescos, recortados
- 1 diente de ajo, cortado en rodajas finas
- 2 cucharaditas de salsa teriyaki

Direcciones

1. Cubra una sartén grande con rocío de cocina y colóquela a fuego medio. Agregue las cebollas y saltee hasta que estén tiernas, de 1 a 2 minutos.

2. Añada los espárragos y el ajo y sofría de 3 a 5 minutos, hasta que los espárragos estén ligeramente tiernos. Vierta la salsa teriyaki y revuelva por un minuto adicional para dejar que los sabores se combinen.

□

Berenjena "Bacon"

Porciones: 4
Tiempo de preparación: 1 hora, incluido el marinado
Cocción: 45 minutos
(Por porción)
Calorías: 127
Proteína: 2 gramos
Carbohidratos: 16 gramos
Grasa: 7 gramos

Ingredientes
- 1 berenjena grande, cortada a lo largo en rodajas de 1/4 pulgada (o menos) de grosor
- 2 cucharadas de tamari
- 2 cucharadas de jarabe de arce
- 2 cucharadas de vinagre de sidra de manzana
- 2 cucharadas de aceite de oliva extra virgen
- 1 cucharadita de chile en polvo
- 1/4 cucharadita de pimentón ahumado
- 1/8 cucharadita de pimienta negra molida

Direcciones
1. Coloque todos los ingredientes en una bolsa grande con cierre, séllela y agítela para cubrirla. Colóquelo en el refrigerador y déjelo marinar durante al menos una hora.
2. Precaliente el horno a 350°F.
3. Coloque las rebanadas en una bandeja para hornear y hornee, rociando ocasionalmente con la marinada, durante unos 45 minutos o hasta que el nivel deseado de crujiente.
□

Papas fritas de zanahoria

Porciones: 1
Tiempo de preparación: Menos de 5 minutos
Cocción: 40 - 45 minutos
(Por porción)
Calorías: 101
Proteína: 1 gramo
Carbohidratos: 7 gramos
Grasa: 5 gramos

Ingredientes
- 2 zanahorias grandes, cortadas en trozos en forma de papas fritas
- 1 cucharadita de aceite de coco
- 1/4 cucharadita de sal
- 1/8 cucharadita de pimienta negra molida

Direcciones

1. Precaliente el horno a 450°F. Cubra una bandeja para hornear con rocío de cocina.
2. En un recipiente grande para mezclar, agregue todos los ingredientes. Revuelva hasta que estén bien combinados. Extienda las zanahorias en la bandeja para hornear y hornee de 40 a 45 minutos, o hasta que estén ligeramente doradas.

□

Patatas griegas

Porciones: 6
Tiempo de preparación: Menos de 5 minutos
Cocción: 1 hr 30 min.
(Por porción)
Calorías: 212
Proteína: 3 gramos
Carbohidratos: 40 gramos
Grasa: 5 gramos

Ingredientes
- 4 papas grandes, peladas y cortadas en trozos grandes
- 2 dientes de ajo, picados
- 2 cucharadas de aceite de oliva extra virgen
- 1 taza de agua
- 1 cucharada de orégano seco
- 1 limón, jugoso
- 1/2 cucharadita de sal
- 1/4 cucharadita de pimienta negra molida

Direcciones

1. Precaliente el horno a 420°F. Cubra una bandeja para hornear con rocío de cocina.
2. Coloque todos los ingredientes en la bandeja para hornear y revuelva hasta que estén bien combinados.
3. Colocar en el horno y hornear durante 40 minutos, o hasta que se haya formado una agradable corteza dorada sobre las patatas. Retire del horno y revuelva para poner la parte inferior blanca hacia arriba, espolvoree con un poco más de sal, pimienta y orégano.
4. Si el plato se está secando, agregue otra 1/2 taza de agua y vuélvalo a poner en el horno por otros 40 minutos, o hasta que se dore una nueva tapa.

□

Cremoso Puré de Coliflor

Porciones: 8
Tiempo de preparación: 5 minutos
Cocción: 20 - 25 minutos
(Por porción)
Calorías: 231
Proteína: 7 gramos
Carbohidratos: 34 gramos
Grasa: 8 gramos

Ingredientes
- 3 tazas de ramilletes de coliflor, al vapor y picados
- 1/2 taza de anacardos, remojados y escurridos
- 1/4 taza de agua
- 1 limón, jugoso
- 1/4 cucharadita de sal
- 1 1/2 tazas de mijo cocido

Direcciones

1. En un procesador de alimentos o licuadora, agregue los anacardos, el agua, el jugo de limón y la sal y procese hasta que estén suaves. Añadir la coliflor y continuar el proceso hasta que esté bien mezclada.
2. Añada lentamente el mijo y procese hasta obtener la consistencia deseada (me gusta la mía con un poco de textura).

Repollo rojo con especias

Porciones: 6
Tiempo de preparación: Menos de 5 minutos
Tiempo de cocción: 1 hora
(Por porción)
Calorías: 63
Proteína: 2 gramos
Carbohidratos: 11 gramos
Grasa: 3 gramos

Ingredientes
- 1/2 cabeza mediana de repollo rojo, cortado en cubos
- 1 cucharada de aceite de canola
- 1/2 taza de cebolla, picada
- 1 manzana mediana, cortada en cuartos
- 3 cucharadas de vinagre de estragón
- 1 cucharadita de estevia u otro edulcorante natural
- 1 hoja de laurel
- 1 cucharadita de sal
- 1/4 cucharadita de pimienta negra molida
- 1/8 cucharadita de clavo de olor molido

Direcciones

1. Agregue 1 pulgada de agua a una cacerola grande y colóquela a fuego medio-alto. Añadir la col y llevar a ebullición. Reduzca el fuego, tape y cocine a fuego lento de 4 a 5 minutos, hasta que esté crujiente. Drenar.

2. Vuelva a poner en la sartén, añada el resto de los ingredientes y mezcle bien. Tape y cocine a fuego lento durante 1 hora o hasta que la col esté tierna. Retire la hoja de laurel antes de servir.

□

Calabaza de arándano y albaricoque

Porciones: 4
Tiempo de preparación: Menos de 5 minutos
Cocción: Menos de 10 minutos
(Por porción)
Calorías: 175
Proteína: 2 gramos
Carbohidratos: 32 gramos
Grasa: 6 gramos

Ingredientes
- 1 libra de calabaza delicata, sin semillas y picada en trozos del tamaño de un bocado
- 1 cucharada de aceite de oliva extra virgen
- 1 cucharada de sidra de manzana
- 1/4 cucharadita de sal
- 1/4 cucharadita de pimienta negra molida
- 1/4 taza de albaricoques secos, picados
- 1/4 taza de arándanos secos
- 2 cucharadas de cebollino, finamente picado
- 2 cucharadas de almendras en rodajas, tostadas

Direcciones

1. Coloque una cacerola grande con aproximadamente 1 pulgada de agua a fuego medio-alto y lleve a ebullición. Coloque la calabaza en una cesta de la vaporera y cocine al vapor hasta que esté tierna, aproximadamente de 5 a 7 minutos.
2. En un recipiente grande, agregue el aceite de oliva, la sidra de manzana, la sal y la pimienta y bata hasta que estén bien mezclados. Agregue la calabaza, los albaricoques, los arándanos y las cebolletas y revuelva para cubrir. Espolvorear con almendras.

□

Ensalada de quinoa y tofu ahumado

Porciones: 6
Tiempo de preparación: 10 minutos
Cocción: 20 minutos
Tiempo de enfriamiento: 10 - 15 minutos
(Por porción)
Calorías: 206
Proteína: 10 gramos
Carbohidratos: 23 gramos
Grasa: 8 gramos

Ingredientes

- 1 taza de quinua, enjuagada
- 2 tazas de agua
- 3/4 cucharadita de sal, dividida
- 1/4 taza de jugo de limón
- 2 cucharadas de aceite de oliva extra virgen
- 2 dientes de ajo, picados
- 1/4 cucharadita de pimienta negra molida
- 1 paquete (6 onzas) de tofu ahumado horneado, cortado en cubos
- 1 pimiento morrón amarillo, cortado en cubitos
- 1 taza de tomates uva, cortados por la mitad
- 1 taza de pepino, cortado en cubos
- 1/2 taza de perejil fresco, picado
- 1/2 taza de menta fresca, picada

Direcciones

1. Agregue el agua y 1/2 cucharadita de sal a una cacerola mediana y colóquela a fuego medio-alto. Llevar a ebullición, añadir la quinua y volver a hervir. Reduzca a bajo, tape y cocine hasta que el agua se haya absorbido completamente, aproximadamente de 15 a 20 minutos.
2. Mientras tanto, en un tazón grande, agregue el jugo de limón, el aceite de oliva, el ajo, la pimienta y la 1/4 cucharadita de sal restante. Batir juntos hasta que estén bien mezclados.
3. Extienda la quinua en una bandeja para hornear para que se enfríe durante al menos 10 minutos. Agregue la quinua enfriada, el tofu, el pimiento, los tomates, el pepino, el perejil y la menta al aderezo. Revuelva hasta que esté bien cubierto.

Ensalada de pera y quinoa

Porciones: 6
Tiempo de preparación: Menos de 5 minutos
Cocción: 15 - 20 minutos
(Por porción)
Calorías: 231
Proteína: 7 gramos
Carbohidratos: 34 gramos
Grasa: 8 gramos

Ingredientes
- 14 onzas de caldo vegetal bajo en sodio
- 1 taza de quinua, enjuagada
- 2 cucharadas de aceite de canola
- 1 cucharada de vinagre de pera o frambuesa
- 1/4 taza de cebollino fresco, cortado en cubos
- 1/4 cucharadita de sal
- 1/4 cucharadita de pimienta negra molida
- 2 peras medianas, cortadas en cubos
- 1/8 taza de nueces, picadas

Direcciones

1. Agregue el caldo de verduras a una cacerola grande y colóquelo a fuego medio-alto. Una vez hirviendo, agregue la quinua y reduzca el fuego a medio-bajo para que hierva a fuego lento. Revuelva bien y cubra con una tapa bien ajustada. Cocine durante unos 15 minutos, hasta que todo el líquido se absorba.
2. Mientras tanto, en un recipiente grande, agregue el aceite, el vinagre, el cebollino, la sal y la pimienta y bata para combinar. Agregue las peras y revuelva para cubrirlas.
3. Vierta la quinua cocida en el recipiente y mezcle hasta que esté bien mezclada. Espolvoree las tuercas por encima. Se puede servir frío o caliente.

Batidos de proteínas

Batido de proteína de chocolate simple

Porciones: 1
Tiempo de preparación: Menos de 5 minutos
(Por porción)
Calorías: 447
Proteína: 33 gramos
Carbohidratos: 44 gramos
Grasa: 18 gramos

Ingredientes
- 1 taza de leche de almendras
- 1 plátano
- 1 cucharada de cacao azucarado
- 2 cucharadas de anacardos
- 1 cucharada de proteína de suero de chocolate en polvo

Direcciones
1. Mezcle todos los ingredientes hasta obtener la consistencia deseada.
□

Batido de arándano y lino

Porciones: 1
Tiempo de preparación: Menos de 5 minutos
(Por porción)
Calorías: 481
Proteína: 46 gramos
Carbohidratos: 63 gramos
Grasa: 8 gramos

Ingredientes
- 1 1/4 tazas de yogur griego natural sin grasa
- 1 taza de arándanos congelados
- 1 plátano
- 2 cucharadas de semillas de lino molidas
- 1/2 cucharada de polvo de proteína de suero de vainilla

Direcciones
1. Mezcle todos los ingredientes hasta obtener la consistencia deseada.
□

Batido de almendras y pera

Porciones: 1
Tiempo de preparación: Menos de 5 minutos
(Por porción)
Calorías: 546
Proteína: 23 gramos
Carbohidratos: 79 gramos
Grasa: 15 gramos

Ingredientes
- 1 taza de leche de arroz
- 1 banana, congelada
- 1/2 pera mediana
- 1/4 taza de almendras
- 1/2 cucharada de proteína de suero de chocolate en polvo

Direcciones
1. Mezcle todos los ingredientes hasta obtener la consistencia deseada.
□

Batido de Proteína de Vainilla y Cereza

Porciones: 1
Tiempo de preparación: Menos de 5 minutos
(Por porción)
Calorías: 247
Proteína: 27 gramos
Carbohidratos: 29 gramos
Grasa: 4 gramos

Ingredientes
- 1 taza de cerezas congeladas, sin semillas
- 1 cucharada de polvo de proteína de suero de vainilla
- 1 taza de espinaca bebé
- 1 1/4 tazas de leche de almendras
- 4 - 6 cubitos de hielo (opcional)

Direcciones
1. Mezcle todos los ingredientes hasta obtener la consistencia deseada.
□

El Kiwi

Porciones: 1
Tiempo de preparación: Menos de 5 minutos
(Por porción)
Calorías: 332
Proteína: 29 gramos
Carbohidratos: 47 gramos
Grasa: 4 gramos

Ingredientes
- 1 taza de leche de arroz
- 2 cucharadas de yogur griego sin grasa
- 1 kiwi mediano, pelado
- 1/2 taza de fresas
- 1 cucharada de polvo de proteína de suero de vainilla
- 3 - 4 cubitos de hielo (opcional)

Direcciones
1. Mezcle todos los ingredientes hasta obtener la consistencia deseada.
□

Batido de Proteína de Chocolate Doble

Porciones: 1
Tiempo de preparación: Menos de 5 minutos
(Por porción)
Calorías: 433
Proteína: 36 gramos
Carbohidratos: 52 gramos
Grasa: 10 gramos

Ingredientes
- 1 taza de leche chocolatada baja en grasa
- 2 cucharadas de yogur de vainilla bajo en grasa
- 1 cucharada de jugo de naranja concentrado congelado
- 1/2 plátano
- 1 cucharada de almendras cortadas en rodajas
- 1 cucharada de proteína de suero de chocolate en polvo
- 2 cucharaditas de semillas de lino molidas
- 4 - 6 cubitos de hielo (opcional)

Direcciones
1. Mezcle todos los ingredientes hasta obtener la consistencia deseada.
□

Delicia de calabaza

Porciones: 1
Tiempo de preparación: Menos de 5 minutos
(Por porción)
Calorías: 345
Proteína: 36 gramos
Carbohidratos: 36 gramos
Grasa: 4 gramos

Ingredientes
- 1/4 taza de yogur congelado de nuez con mantequilla baja en grasa
- 1/2 taza de calabaza enlatada
- 1 taza de leche descremada
- 1 cucharada de polvo de proteína de suero de vainilla
- 1 cucharadita de semillas de lino molidas

Direcciones
1. Mezcle todos los ingredientes hasta obtener la consistencia deseada.
□

Batido de mango y limón y pimienta picante

Porciones: 1
Tiempo de preparación: Menos de 5 minutos
(Por porción)
Calorías: 467
Proteína: 26 gramos
Carbohidratos: 85 gramos
Grasa: 7 gramos

Ingredientes
- 1 limón, jugoso
- 1 plátano
- 1 mango, pelado y sin hueso
- 1/2 jalapeño
- 1 1/2 tazas de agua
- 1 taza de hielo
- 1 cucharada de semillas de lino molidas
- 1 porción de polvo de proteína de cáñamo
- 1 cucharada de néctar de agave

Direcciones
1. Mezcle todos los ingredientes hasta obtener la consistencia deseada.

Batido de proteína de arándano y negro

Porciones: 1
Tiempo de preparación: Menos de 5 minutos
(Por porción)
Calorías: 412
Proteína: 28 gramos
Carbohidratos: 58 gramos
Grasa: 10 gramos

Ingredientes
- 1 banana, congelada
- 1/2 taza de arándanos
- 1/2 taza de moras
- 1 taza de leche de almendras
- 1 cucharada de plumines de cacao
- 1 porción de polvo de proteína de cáñamo
- 4 - 6 cubitos de hielo (opcional)

Direcciones
1. Mezcle todos los ingredientes hasta obtener la consistencia deseada.
□

Ráfaga de proteína de cereza y canela

Porciones: 1
Tiempo de preparación: Menos de 5 minutos
(Por porción)
Calorías: 282
Proteína: 27 gramos
Carbohidratos: 38 gramos
Grasa: 3 gramos

Ingredientes
- 1/2 banana grande, congelada
- 3/4 taza de cerezas sin hueso
- 2 cucharaditas de canela
- 1 taza de leche de almendras
- 2 cucharadas de polvo de proteína de arroz
- 4 - 6 cubitos de hielo (opcional)

Direcciones
1. Mezcle todos los ingredientes hasta obtener la consistencia deseada.
□

Tentempiés

Proteína Melocotón Sorpresa

Porciones: 1
Tiempo de preparación: Menos de 5 minutos
Cocción: 8 - 10 minutos
(Por porción)
Calorías: 182
Proteína: 22 gramos
Carbohidratos: 21 gramos
Grasa: 2 gramos

Ingredientes
- 1 taza de duraznos
- 1/4 taza de queso crema sin grasa
- 1/4 cucharadita de canela
- 1/2 cucharada de polvo de proteína de suero de vainilla

Direcciones
1. Precaliente el horno a 500°F.
2. En un bol pequeño, mezcle el queso crema, la canela y la proteína en polvo. Coloque los melocotones en una bandeja para hornear y hornee de 8 a 10 minutos. Cubra la mezcla de queso crema con los duraznos horneados.
□

Recuperación de Arroz Krispies

Porciones: 8 (1 unidad por porción)
Tiempo de preparación: Menos de 5 minutos
Cocción: 10 - 15 minutos
(Por porción)
Calorías: 80
Proteína: 4 gramos
Carbohidratos: 10 gramos
Grasa: 3 gramos

Ingredientes
- 1 1/2 tazas de Krispies de arroz
- 2 cucharadas de mantequilla sin sal
- 1 1/2 cucharadas de miel
- 1/2 cucharadita de extracto de vainilla
- 1 cucharada de polvo de proteína de suero de vainilla
- 1/2 taza de avena a la antigua

Direcciones

1. Precaliente el horno a 325°F. Cubra una bandeja para hornear de 9 x 9 pulgadas con rocío de cocina.

2. En una cacerola pequeña a fuego medio-bajo, derrita la mantequilla, la miel y el extracto de vainilla hasta que estén suaves. Agregue la proteína en polvo y continúe removiendo hasta que forme una sustancia espesa. Retire del fuego.

3. Agregue los Krispies de arroz y la avena, y luego transfiera a la bandeja para hornear. Presionar con un tenedor y hornear de 10 a 15 minutos, o hasta que estén crujientes. Una vez frío, cortar en 8 trozos.

□

Pastel de vainilla sin hornear

Porciones: 1
Tiempo de preparación: Menos de 5 minutos
Tiempo de cocción: 2 minutos, o hasta que se endurezca
(Por porción)
Calorías: 344
Proteína: 18 gramos
Carbohidratos: 62 gramos
Grasa: 2 gramos

Ingredientes
- 1 huevo
- 3 cucharadas de salsa de manzana sin azúcar
- 2 cucharadas de vainilla o jarabe de arce
- 3 cucharadas de leche descremada
- 1/2 cucharadita de extracto de vainilla
- 2 cucharadas de harina integral
- 3 cucharadas de mezcla para panqueques
- 1/2 cucharada de polvo de proteína de suero de vainilla

Direcciones

1. En una licuadora, agregue el huevo, la salsa de manzana, el jarabe, la leche descremada y el extracto de vainilla y mezcle hasta que estén bien combinados y suaves.
2. Uno a la vez, vierta la harina, la mezcla para panqueques y el polvo de proteína y mezcle hasta que estén bien mezclados.
3. Transfiera la mezcla para pastelería a un recipiente apto para microondas y cocine en el microondas a temperatura alta durante 2 minutos (si la parte superior aún no está completamente calentada, cocine en el microondas durante 10 segundos adicionales cada vez hasta que se calienta).

Parfait de zarzamora

Porciones: 1
Tiempo de preparación: Menos de 5 minutos
(Por porción)
Calorías: 279
Proteína: 23 gramos
Carbohidratos: 47 gramos
Grasa: 2 gramos

Ingredientes
- 6 onzas de yogur griego sin grasa
- 2 cucharaditas de miel
- 1/4 taza de granola
- 1/2 taza de moras
- 1/4 taza de nectarina, picada

Direcciones
1. Mezcle la miel con el yogur. En un tazón pequeño o taza, agregue la granola y luego el yogur. Cubra con la fruta.

Arroz con leche

Porciones: 4
Tiempo de preparación: Menos de 5 minutos
Cocción: 20 - 25 minutos
(Por porción)
Calorías: 191
Proteína: 8 gramos
Carbohidratos: 37 gramos
Grasa: 0 gramos

Ingredientes
- 3 tazas de leche descremada
- 1/2 taza de arroz Arborio
- 1/3 taza de pasas de uva
- 1/2 cucharadita de estevia u otro edulcorante natural
- 2 cucharaditas de ralladura de limón
- 1 cucharadita de extracto de vainilla
- 1/8 cucharadita de sal
- 1/4 cucharadita de canela

Direcciones

1. En una cacerola mediana, agregue la leche, el arroz, las pasas y la stevia y coloque a fuego medio-alto. Lleve a ebullición, revolviendo constantemente. Reduzca el fuego a bajo y cocine a fuego lento, revolviendo constantemente. Reduzca el fuego a bajo y hierva a fuego lento, revolviendo con frecuencia, hasta que el arroz esté tierno, aproximadamente de 20 a 25 minutos. Revuelva constantemente hacia el final para evitar que se queme.

2. Retirar del fuego, añadir la ralladura de limón, el extracto de vainilla y la sal y mezclar bien. Espolvorear con canela.

□

Plátanos al ron

Porciones: 2
Tiempo de preparación: Menos de 5 minutos
Cocción: 5 - 10 minutos
(Por porción)
Calorías: 201
Proteína: 2 gramos
Carbohidratos: 34 gramos
Grasa: 5 gramos

Ingredientes
- 2 plátanos, cortados en cuartos
- 2 cucharadas de azúcar morena
- 1 cucharadita de mantequilla
- 1/2 cucharadita de aceite de canola
- 2 cucharadas de ron oscuro
- 1 cucharadita de jugo de limón
- 1/8 cucharadita de canela
- 4 cucharadas de yogur griego de vainilla

Direcciones

1. Coloque una sartén antiadherente mediana a fuego medio. Agregue el azúcar morena, la mantequilla y el aceite y saltee hasta que burbujee.
2. Agregue el ron, el jugo de limón y la canela y continúe salteando hasta que se espese un poco.
3. Agregue los plátanos, cocine, revolviendo ocasionalmente, hasta que estén tiernos. Dividir en 2 porciones iguales y cubrir con 2 cucharadas de yogur de vainilla.

□

Pudín de pan de caramelo y plátano

Porciones: 4
Tiempo de preparación: 10 minutos
Cocción: 30 minutos
(Por porción)
Calorías: 407
Proteína: 9 gramos
Carbohidratos: 83 gramos
Grasa: 10 gramos

Ingredientes
- 2 plátanos grandes, maduros
- 1/2 taza de pasta de dátiles
- 3/4 taza de leche de almendras
- 2 cucharaditas de canela
- 8 rebanadas de pan de canela con pasas y granos enteros, cortado en cubos
- 1/2 taza de leche de coco

Direcciones
1. Precaliente el horno a 375°F.
2. En un procesador de alimentos o licuadora, agregue los plátanos, la pasta de dátiles, la leche de almendras y la canela y mezcle hasta que estén suaves.
3. Páselo a un recipiente grande para mezclar. Agregue los cubos de pan al recipiente y mezcle hasta que estén bien mezclados.
4. Divida la mezcla de pan en 4 moldes, vierta 2 cucharadas de leche de coco sobre cada uno. Coloque en el horno y hornee por 30 minutos, o hasta que el pan esté dorado y caramelizado.

□

Piña asada

Porciones: 2 (3 rebanadas por porción)
Tiempo de preparación: Menos de 5 minutos
Cocción: 20 - 25 minutos
(Por porción)
Calorías: 117
Proteína: 1 gramo
Carbohidratos: 31 gramos
Grasa: 0 gramos

Ingredientes
- 6 rebanadas de piña, de aproximadamente 1/2 pulgada de grosor
- 2 cucharadas de azúcar morena

Direcciones

1. Precaliente la parrilla. Cubra una bandeja para hornear con rocío de cocina.
2. Extienda la piña sobre la bandeja para hornear y espolvoree con azúcar morena. Ase por 10 a 15 minutos, o hasta que estén dorados. Voltee y ase por otros 5 a 10 minutos, hasta que se doren.

Pudín de camote con chocolate

Porciones: 2
Tiempo de preparación: Menos de 5 minutos
(Por porción)
Calorías: 253
Proteína: 4 gramos
Carbohidratos: 37 gramos
Grasa: 13 gramos

Ingredientes
- 1/2 batata mediana, cocida
- 1 aguacate mediano
- 5 dátiles, deshuesados y empapados
- 2 cucharadas de algarroba o chocolate en polvo
- 1/4 taza de agua

Direcciones
1. En un procesador de alimentos o licuadora, agregue todos los ingredientes y pulse hasta que los ingredientes estén casi todos mezclados. Encienda a fuego alto y añada lentamente el agua adicional hasta que el pudín esté suave.

Paletas de arándanos y fresas

Porciones: 8
Tiempo de preparación: 5 minutos
Tiempo de enfriamiento: 1 hora, o hasta que se ajuste
(Por porción)
Calorías: 31
Proteína: 0 gramos
Carbohidratos: 8 gramos
Grasa: 0 gramos

Ingredientes
- 2 tazas de fresas frescas
- 1/4 taza de jugo concentrado de arándano congelado, descongelado
- 1 cucharadita de estevia u otro edulcorante natural
- 1 cucharada de jugo de limón
- 3 cucharadas de agua

Direcciones

1. En una licuadora o procesador de alimentos, agregue las fresas, el concentrado de arándanos, la stevia, el jugo de limón y el agua y procese hasta que estén suaves.
2. Vierta la mezcla en 8 moldes de paletas o pequeños vasos de papel. Colocar en el congelador hasta que empiecen a fraguar, aproximadamente 1 hora. Inserte los palitos de paleta y colóquelos de nuevo en el congelador hasta que estén completamente cocidos.

□

Barras de arce y proteína de calabaza

Porciones: 10 (1 barra por porción)
Tiempo de preparación: Menos de 5 minutos
Cocción: 15 - 18 minutos
(Por porción)
Calorías: 252
Proteína: 20 gramos
Carbohidratos: 38 gramos
Grasa: 2 gramos

Ingredientes
- 1 lata (15 onzas) de frijoles Great Northern, escurridos y enjuagados
- 1/2 taza de puré de calabaza
- 4 cucharadas de jarabe de arce
- 1 cucharadita de especias para pastel de calabaza
- 1/4 cucharadita de sal
- 1 taza de cereal de salvado con pasas
- 6 cucharadas de polvo de proteína de suero de vainilla
- 1 1/2 tazas de avena a la antigua usanza
- 1 taza de harina de espelta

Direcciones

1. Precaliente el horno a 350°F.

2. En un procesador de alimentos o licuadora, agregue todos los ingredientes excepto la avena y la harina. Mezcle hasta que esté suave, luego vierta los ingredientes secos y pulse hasta que se mezclen.

3. Cubra ligeramente un molde para hornear de 9 x 13 pulgadas con rocío de cocina y distribuya la mezcla uniformemente.

4. Coloque en el horno y hornee de 15 a 18 minutos, o hasta que esté listo. Retirar y cortar en 10 barras.

□

Salsa de Frijoles Mexicanos

Porciones: 12 (2 cucharadas por porción)
Tiempo de preparación: 5 minutos
Cocción: Menos de 5 minutos
(Por porción)
Calorías: 47
Proteína: 3 gramos
Carbohidratos: 6 gramos
Grasa: 1 gramo
Ingredientes
- 1/2 taza de cebollines, cortados en rodajas finas
- 1 diente de ajo, picado
- 1 lata (15 onzas) de frijoles negros, escurridos y enjuagados
- 3/4 taza de queso cheddar bajo en grasa, rallado
- 1/4 cucharadita de sal
- 1/3 taza de caldo de verduras bajo en sodio
- 2 cucharadas de cilantro, finamente picado

Direcciones

1. Cubra una sartén pequeña con rocío de cocina y colóquela a fuego medio. Agregue los cebollines y sofría hasta que estén tiernos, unos 3 minutos.
2. En un procesador de alimentos o licuadora, agregue los frijoles, el queso cheddar y la sal y mezcle por 5 segundos. Añada lentamente el caldo y continúe mezclando hasta obtener la consistencia deseada. Transfiera a un tazón grande y mezcle los cebollines y el cilantro.

□

Parfait de proteínas
Porciones: 1
Tiempo de preparación: Menos de 5 minutos
(Por porción)
Calorías: 225
Proteína: 26 gramos
Carbohidratos: 31 gramos
Grasa: 1 gramo

Ingredientes
- 1 taza de yogur griego natural sin grasa
- 1 taza de piña o fruta comparable, cortada en cubos
- 2 cucharaditas de germen de trigo tostado

Direcciones

1. Coloque el yogur en un bol pequeño, cubra con la fruta y espolvoree sobre el germen de trigo.

□

Uvas fáciles de escarchar

Porciones: 4
Tiempo de preparación: Menos de 5 minutos
(Por porción)
Calorías: 80
Proteína: 1 gramo
Carbohidratos: 21 gramos
Grasa: 0 gramos

Ingredientes
- 2 tazas de uvas sin semillas, lavadas y secas con palmaditas
- 1 taza de cobertura batida sin grasa

Direcciones
1. Agregue las uvas a un tazón grande y colóquelas en el congelador durante al menos 1 hora.
2. Divida en 4 porciones, cubra cada una con 1/4 de taza de la cobertura batida.
□

Cena

Batatas al horno y remolacha

Porciones: 4
Tiempo de preparación: 20 minutos
Tiempo de enfriamiento: 1 hora, o hasta que se ajuste
(Por porción)
Calorías: 690
Proteína: 26 gramos
Carbohidratos: 86 gramos
Grasa: 26 gramos

Ingredientes
- 8 tubérculos betarraga
- 4 boniatos
- 5 PVCS aceite de oliva
- 2 PVCS Piñones (30 g)
- 2 PVCS Semillas de sésamo (25 g)
- 2 PVCS sésamo negro (25 g)
- ½ Confederación Menta (10 g)
- 400 g queso crema granulado
- salino
- pimentón

Direcciones

1. Lave bien la remolacha y las batatas y frótelas. Colocar todo en una cazuela grande y untar con 1 cucharada de aceite.
2. Cocer en horno precalentado a 180 °C (aire circulante: 160 °C; gas: fase 2-3) durante 40-45 minutos hasta que la remolacha y las batatas puedan pincharse fácilmente. Si la cáscara se vuelve demasiado dorada, cubra las verduras con papel para hornear.
3. Mientras tanto, freír los piñones en una sartén caliente sin grasa a fuego medio durante 4 minutos. Luego picar y mezclar con las semillas de ajonjolí.
4. lavar la menta, agitar, secar y cortar las hojas en trozos pequeños. Mezcle la menta con el queso crema y el resto del aceite de oliva y sazone con sal y pimienta.
5. Sacar la remolacha y las batatas del horno y colocarlas en platos. Cortar los tubérculos a lo largo, separarlos ligeramente, rellenarlos con queso crema y espolvorear con la mezcla de piñones y ajonjolí.

□

Pasta de espárragos y limón con queso feta

Porciones: 2
Tiempo de preparación: 5 minutos
Tiempo de enfriamiento: 25 minutos
(Por porción)
Calorías: 563
Proteína: 23 gramos
Carbohidratos: 65 gramos
Grasa: 22 gramos

Ingredientes
- 200 g espaguetis integrales
- salino
- 3 PVCS zumo de limón
- 1 TSP abrasión de limón
- 3 TSP aceite de oliva
- 100 g Feta + algo para degustar
- pimentón
- 150 g espárragos verdes
- 2 dedos
- al ajillo

Direcciones

1. Cocine los espaguetis integrales en agua hirviendo con sal hasta que estén al dente, de acuerdo con las instrucciones del paquete. Luego escurrir.

2. Mientras tanto, mezcle el jugo de limón, el rallador de limón y 2 cucharaditas de aceite en un tazón. Desmenuzar el queso de oveja, añadir y mezclar bien. Sazone con pimienta.

3. Lavar los espárragos, secar con palmaditas y cortar las puntas leñosas. Cortar los espárragos en trozos de unos 2 cm de largo. Pelar y picar el ajo.

Calentar el aceite restante en una sartén y freír el ajo durante 1-2 minutos a fuego medio. Añadir los trozos de espárragos y freír durante 2-3 minutos.

5. Añada los espaguetis y la mezcla de limón, aceite y queso a la sartén y caliente a fuego lento durante 2-3 minutos. Sazone al gusto con sal y pimienta.

6. Disponer los espárragos-lemon-pasta en 2 platos y sazonar con zumo de limón, sal y pimienta. Espolvorear con feta al gusto.

□

Sopa de queso y puerros con lentejas

Porciones: 4
Tiempo de preparación: 5 minutos
Tiempo de enfriamiento: 30 minutos
(Por porción)
Calorías: 499
Proteína: 25 gramos
Carbohidratos: 32 gramos
Grasa: 30 gramos

Ingredientes
- 120 g de lentejas de montaña
- 2 puerros
- 2 patatas grandes (250 g)
- 3 cucharadas de aceite de colza
- 800 ml de caldo de verduras
- 150 g de queso de montaña (45 % de grasa en la materia seca)
- 200 g de nata para cocinar
- salino
- pimentón
- ¼ TL mejorana seca
- ¼ TL semillas de alcaravea molidas
- 2 cucharadas de avellanas (30 g)
- 2 cucharadas de vinagre balsámico

Direcciones

1. Hervir las lentejas en 2,5 veces la cantidad de agua hirviendo durante unos 30 minutos. Luego escurrir.

2. Mientras tanto, limpiar y lavar los puerros y cortarlos en anillos finos; reservar la parte verde de los puerros. Pelar y picar las patatas.

3. Caliente 2 cucharadas de aceite en una olla. Dorar las partes blancas del puerro y las patatas durante 3-5 minutos a fuego medio. Añada el caldo y cocine a fuego lento durante 15 minutos. Mientras tanto, ralla el queso.

4.Añadir la nata y el queso a la sopa y hacer un puré con una batidora de mano. Sazonar la sopa con sal, pimienta, mejorana y comino.

5. Caliente el aceite restante en una sartén para el inserto. Picar las avellanas en trozos grandes y freírlas con el puerro verde por un lado durante unos 5 minutos a fuego medio. Mezclar las lentejas con las nueces y el puerro verde, sazonar con sal, pimienta y vinagre y añadir a la sopa.

□

Ensalada de patata con espárragos, rábano y guisantes

Porciones: 4
Tiempo de preparación: 5 minutos
Tiempo de enfriamiento: 40 minutos
(Por porción)
Calorías: 190
Proteína: 7 gramos
Carbohidratos: 28 gramos
Grasa: 5 gramos

Ingredientes
- 500 g de patatas jóvenes
- salino
- pimentón
- 4 cucharaditas de aceite de oliva
- 200 g de espárragos verdes
- 150 g de guisantes (congelados)
- ¼ Racimo de menta (5 g)
- 1 manojo de eneldo (20 g)
- 2 cucharadas de jugo de manzana
- 1 cucharada de vinagre de vino blanco
- 1 cucharadita de jarabe de arce
- 1 cucharadita de mostaza
- 1 manojo de rábano (80 g)

Direcciones

1. Lave bien las papas y córtelas por la mitad. Sazonar con sal y pimienta y mezclar con 1 cucharadita de aceite de oliva. Colocar las patatas en una bandeja de horno forrada de papel para hornear y cocer en un horno precalentado a 200 °C (horno ventilado 180 °C; gas: fase 3) durante unos 30 minutos hasta que las patatas estén doradas. Dejar enfriar brevemente las patatas.
2. Mientras tanto, lave los espárragos, séquelos con palmaditas y corte las puntas leñosas. Cortar los espárragos en trozos de 1 cm de grosor aproximadamente. Escaldar los espárragos y los guisantes en agua salada hirviendo durante 4-5 minutos y luego enjuagar con agua fría.
3. Lavar, secar y cortar las hierbas. Mezcle con el jugo de manzana, el vinagre, el jarabe de arce, la mostaza y el aceite restante en un recipiente. Sazone el aderezo con sal y pimienta.
4. Lavar y limpiar los rábanos y cortarlos en rodajas finas. Añadir las

patatas, los espárragos y los guisantes al aderezo y mezclar. Poner la ensalada de patatas en 4 platos y servir.

□

Quinoa bowl con aderezo de fresa

Porciones: 2
Tiempo de preparación: 5 minutos
Tiempo de enfriamiento: 30 minutos
(Por porción)
Calorías: 427
Proteína: 12 gramos
Carbohidratos: 60 gramos
Grasa: 15 gramos

Ingredientes
- 150 g de quinua
- salino
- 1 zanahoria grande
- 150 g de tomates cherry
- 50 g de ensalada de hojas
- 125 g de fresas
- 2 ramitas de tomillo de limón
- 2 cucharadas de aceite de oliva
- 1 cucharada de jugo de limón
- 1 cucharadita de mostaza
- 1 cucharadita de miel
- pimentón
- hojuelas de chile

Direcciones

1. Enjuague la quinua y cocine en el doble de agua salada durante 15-20 minutos a fuego medio y deje enfriar.
2. Mientras tanto, pele y ralle la zanahoria. Lavar y cortar los tomates por la mitad. Lave la ensalada, agite, seque y desplume pequeño.
3. Fresas limpias, lavadas y cortadas en cubos pequeños. Lavar el tomillo, agitar, secar y arrancar las hojas. Bata el aceite, el jugo de limón, la mostaza y la miel. Agregue las fresas y sazone con sal, pimienta, tomillo y chile.
4. Disponer los ingredientes en dos cuencos y servirlos rociados con el aderezo.□

Ensalada mexicana de fideos con jalapeños picantes

Porciones: 4
Tiempo de preparación: 35 minutos
Tiempo de enfriamiento: 50 minutos
(Por porción)
Calorías: 645
Proteína: 22 gramos
Carbohidratos: 84 gramos
Grasa: 23 gramos

Ingredientes
- 500 g de pimientos rojos
- 2 jalapeños o pimientos encurtidos
- 500 g de tomates
- 4 ramitas de orégano
- ½ Racimo de cilantro
- 2 cebollas
- 2 dientes de ajo
- 3 mazorcas de maíz fresco
- 400 g de Penne (preferiblemente de grano entero)
- salino
- 4 cucharadas de semillas de calabaza
- 5 cucharadas de aceite
- 1 cucharadita de comino
- 1 lima
- pimentón

Direcciones

Asar los pimientos bajo la parrilla del horno caliente (o sobre una llama de gas abierta), girando hasta que la piel se ponga negra. Colocar en un recipiente y cubrir con un plato, dejar reposar durante 10 minutos.

Escurrir los jalapeños o pimientos y picarlos en trozos grandes. Lavar y cortar los tomates en cuartos, retirar las semillas y picarlos en trozos grandes. Ponga ambos en un tazón.

Lavar y agitar el orégano y el cilantro, arrancar las hojas, picarlas y ponerlas en el bol. Pelar las cebollas y el ajo y picarlos finamente.

Limpie y lave el maíz en la mazorca y corte los granos de las mazorcas con un cuchillo afilado.

Pelar la piel de los pimientos con un cuchillo y descuartizar las vainas.

Retirar las semillas, cortar los pimientos en dados y añadirlos a los tomates.

Cocer la pasta en agua hirviendo con sal hasta que esté al dente según las instrucciones del paquete.

Mientras tanto, asar las semillas de calabaza en una sartén sin grasa hasta que huelan mal. Retirar y reservar.

Asar los granos de maíz en porciones en una sartén mientras se revuelve hasta que aparezcan manchas marrones; esto toma de 4 a 5 minutos. Agregue a los ingredientes restantes en el tazón.

Calentar el aceite en la sartén. Cocine al vapor las cebollas y el ajo por 3-4 minutos hasta que estén translúcidos. Añadir la semilla de comino y saltear durante 20 segundos. Mezclar todo en las verduras de tomate y maíz.

Escurrir la pasta mientras se recogen 6-8 cucharadas de agua de la pasta. Mezclar la pasta caliente con los demás ingredientes. Exprimir el limón y sazonar la ensalada con él. Sazonar con sal y pimienta, espolvorear con las semillas de calabaza y servir. Cuando la ensalada esté un poco más larga, añada el agua de la pasta recogida.

□

Ensalada tibia de espárragos y tomate con vinagreta ligera

Porciones: 1
Tiempo de preparación: 5 minutos
Tiempo de enfriamiento: 20 minutos
(Por porción)
Calorías: 94
Proteína: 5 gramos
Carbohidratos: 11 gramos
Grasa: 3 gramos

Ingredientes
- 200 g de espárragos verdes
- ½ TL Aceite de oliva
- salino
- pimentón
- ½ Cal
- 100 ml de caldo de verduras mediterráneas
- ½ TL Mostaza
- 2 tomates medianos (aprox. 60 g)

Direcciones

Lavar los espárragos. Cortar las puntas leñosas, pelar el tercio inferior de los tallos y cortar los espárragos diagonalmente en trozos.

Calentar ligeramente el aceite en una sartén recubierta. Freír los espárragos por todos lados durante unos 8 minutos mientras se voltean con frecuencia. Sazone con sal y pimienta.

Exprimir la mitad de la lima y poner el jugo en un recipiente pequeño. Agregue el caldo y la mostaza y mezcle con una cuchara o batidor.

Lavar y cortar los tomates en cuartos, cortar los tallos y la carne en dados. Añadir los cubos de tomate al caldo. Servir los espárragos con la vinagreta de tomate.

□

Ensalada de pasta con verduras y aceitunas negras

Porciones: 4
Tiempo de preparación: 30 minutos
Tiempo de enfriamiento: 50 minutos
(Por porción)
Calorías: 274
Proteína: 9 gramos
Carbohidratos: 33 gramos
Grasa: 11 gramos

Ingredientes
- 200 g de judías
- salino
- 100 g de guisantes (congelados)
- 150 g de fideos orecchiette
- 2 calabacines amarillos (aprox. 400 g)
- 30 g de anillos de aceituna negra (vidrio)
- 4 ramitas de tomillo de limón
- 5 cucharadas de vinagre de vino blanco
- pimentón
- 3 cucharadas de aceite de oliva

Direcciones

Lavar las judías, escurrirlas, limpiarlas y cortarlas en diagonal en tiras de 5 mm de ancho. Ponga los frijoles en agua hirviendo con sal y cocine por 2 minutos. Añada los guisantes y cocine por 3 minutos. Escurrir la mezcla de frijoles y guisantes en un colador, enjuagar con agua fría y escurrir bien. Ponlo en un tazón grande. Cocer la pasta según las instrucciones del envase en abundante agua hirviendo con sal hasta que esté al dente.

Mientras tanto, lavar y limpiar los calabacines, cortarlos en cuartos a lo largo y cortarlos en rodajas de unos 5 mm de grosor. Añadir a la mezcla de frijoles y guisantes.

Escurrir las aceitunas. Lavar el tomillo de limón, agitar, secar, arrancar las hojas y picar en trozos grandes. Mezclar las aceitunas escurridas y la mitad del tomillo con las verduras.

Escurrir la pasta en un colador, enjuagar con agua fría y escurrir. Añadir los fideos a la mezcla de verduras.

En un recipiente pequeño, mezcle el vinagre con sal, pimienta y el resto del tomillo. Bata el aceite de oliva con un batidor.

Mezclar la salsa con la ensalada de pasta y dejar reposar unos 20 minutos.

Sazone la ensalada de pasta con sal y pimienta. Para el transporte, llenar en una lata de almacenamiento fresca y bien cerrada (aprox. 2 l de capacidad).□

Cuñas de calabacín con salsa de pesto

Porciones: 2
Tiempo de preparación: 5 minutos
Tiempo de enfriamiento: 30 minutos
(Por porción)
Calorías: 463
Proteína: 14 gramos
Carbohidratos: 27 gramos
Grasa: 32 gramos

Ingredientes
- 2 calabacines
- 50 g de almendras molidas
- 50 g de queso parmesano rallado
- 1 pizca de cúrcuma
- 1 cucharadita de hierbas italianas
- salino
- pimentón
- 1 huevo (talla M)
- 200 g de yogur (3,5 % de grasa)
- 2 cdas. de Pesto Rosso
- ¼ Racimo de albahaca (5 g)

Direcciones

Lavar y limpiar el calabacín. Cortar los calabacines en cuartos a lo largo y cortarlos en trozos de 3 cm de largo. Mezcle las almendras, el parmesano, la cúrcuma y las hierbas italianas y sazone con sal y pimienta.

Bata el huevo. Voltee los trozos de calabacín primero en el huevo y luego en la mezcla de almendra y parmesano. Presionar ligeramente la mezcla de almendras y parmesano en su lugar.

Colocar las cuñas en una bandeja de horno forrada con papel de horno y hornear en un horno precalentado a 250 °C (horno de convección a 220 °C; gas: fase 4 o 5) durante 15-20 minutos hasta que estén crujientes.

Mientras tanto, mezcle el yogur y el pesto. Lave la albahaca, séquela y córtela en trozos grandes. Espolvoree las rodajas de calabacín con albahaca y sirva con salsa de pesto.

□

Ensalada de espárragos y rúcula con fresas y vainilla

Porciones: 4
Tiempo de preparación: 45 minutos
Tiempo de enfriamiento: 1.5 horas
(Por porción)
Calorías: 118
Proteína: 3 gramos
Carbohidratos: 8 gramos
Grasa: 8 gramos

Ingredientes
- ½ Vainilla en vaina
- ½ TL Azúcar
- 5 cucharadas de caldo de verduras clásico
- 600 g de espárragos blancos (tallos gruesos)
- ½ Naranja
- 2 cucharadas de vinagre balsámico blanco
- salino
- pimentón
- 3 cucharadas de aceite de oliva
- 1 manojo de ensalada de rúcula
- 200 g de fresas

Direcciones

Corte la vaina de vainilla a lo largo, raspe la pulpa y colóquela en una olla con la vaina. Poner a hervir con azúcar y caldo de verduras. Retirar del fuego y tapar y dejar reposar durante 10 minutos. Mientras tanto, lavar los espárragos, pelarlos cuidadosamente con un pelador de espárragos y retirar generosamente las puntas leñosas. Cortar las puntas de los espárragos y reservarlas en un recipiente pequeño. Cortar los espárragos muy diagonalmente en rodajas muy finas. Exprimir la mitad de la naranja y poner 2 cucharadas de jugo de naranja en un tazón. Mezclar con vinagre, sal, pimienta y aceite. Retire la vaina de vainilla del caldo. Vierta el caldo de vainilla en el recipiente para mezclar y bata vigorosamente con un batidor. Añadir las rodajas de espárragos, tapar y dejar reposar en el frigorífico durante al menos 1 hora. Mientras tanto, lave el cohete, séquelo y retire los tallos gruesos.

Lave cuidadosamente las fresas en un recipiente con agua, séquelas bien con papel de cocina y límpielas. Reducir a la mitad o a un cuarto dependiendo del tamaño.

Aproximadamente 10 minutos antes de servir, retire la ensalada de espárragos del refrigerador y deje que alcance la temperatura ambiente. Por último, incorporar la rúcula y las fresas y adornar con las puntas de los espárragos.

Sándwich de queso a la parrilla con aguacate y espinacas

Porciones: 2
Tiempo de preparación: 4 minutos
Tiempo de enfriamiento: 15 minutos
(Por porción)
Calorías: 304
Proteína: 16 gramos
Carbohidratos: 28 gramos
Grasa: 14 gramos

Ingredientes
- 20 g de espinacas tiernas
- ½ Aguacate (50 g)
- 4 tallos de hierbas frescas (por ejemplo, albahaca)
- 4 rebanadas de pan tostado integral (35 g cada una)
- 80 g de mozzarella rallada (9 % de grasa)
- salino
- pimentón
- 1 diente de ajo
- 1 cucharada de aceite de oliva

Direcciones

Lavar las espinacas y secarlas con palmaditas. Cortar el aguacate en rodajas. Lave las hierbas, agite, seque y corte en trozos pequeños.

Cubrir 2 rebanadas de pan, una tras otra, con ¼ de mozzarella, mitad de aguacate, mitad de espinacas, mitad de hierbas y el resto de queso.

Sazone los sándwiches con sal y pimienta, termine con las dos tostadas restantes y exprima ligeramente.

Frote una sartén con ajo. Añadir el aceite y freír los bocadillos a fuego medio por ambos lados hasta que estén dorados.

□

Fideos vegetales asiáticos con setas de ostra

Porciones: 4
Tiempo de preparación: 5 minutos
Tiempo de enfriamiento: 35 minutos
(Por porción)
Calorías: 508
Proteína: 22 gramos
Carbohidratos: 84 gramos
Grasa: 8 gramos

Ingredientes
- 6 cebolletas
- 250 g de champiñones ostra
- 250 g de germinados de judías
- 200 g de guisantes
- 400 g de fideos (por ejemplo, rigatoni o penne)
- salino
- 4 tallos de eneldo
- 100 g de castaña de agua (peso neto escurrido; lata)
- 1 cucharada de aceite de sésamo
- 1 cucharada de aceite de colza
- 3 cucharadas de salsa de ostras
- 250 ml de caldo clásico de verduras
- 100 ml de salsa Teriyaki
- ½ TL jengibre molido
- Pimentón

Direcciones

Limpiar y lavar las cebolletas y cortarlas en aros finos.

Limpiar los champiñones ostra y cortarlos en trozos del tamaño de un bocado.

Enjuague los brotes de soja en un colador y escúrralos. Limpiar y lavar los guisantes y cortarlos por la mitad en diagonal.

Cocer la pasta según las instrucciones del envase en abundante agua hirviendo con sal hasta que esté al dente.

Mientras tanto, lave el eneldo, agite, seque, arranque las banderas y corte en trozos grandes. Escurrir las castañas de agua y cortarlas por la mitad.

Caliente el aceite de sésamo y de colza en un wok. Freír los champiñones, las cebollas, los brotes y el sarmiento durante 6-8 minutos, revolviendo constantemente.

Verter las castañas de agua en el wok.

Agregue la salsa de ostras, el caldo de verduras, la salsa teriyaki y el jengibre también. Cocine a fuego lento por otros 2-3 minutos. Escurrir la pasta, escurrirla y mezclarla. Sal, pimienta, espolvorear con eneldo y servir.

□

Pasteles de arándanos y plátanos y avena

Porciones: 4 (1 pastel por porción)
Tiempo de preparación: Menos de 5 minutos
Cocción: 3 - 5 minutos
(Por porción)
Porciones: 4 (1 pastel por porción)
Calorías: 95
Proteína: 2 gramos
Carbohidratos: 20 gramos
Grasa: 1 gramo

Ingredientes
- 1/2 taza de avena a la antigua
- 1 plátano, machacado
- 2 cucharadas de azúcar morena
- 1 cucharadita de canela
- 1/4 taza de arándanos frescos o congelados

Direcciones

1. Vierta todos los ingredientes, excepto los arándanos, en un recipiente mediano para mezclar. Doble suavemente los arándanos.
2. Cubra un plato poco profundo para microondas con rocío de cocina y vierta la mezcla.
3. Cocine en el microondas de 3 a 5 minutos (dependiendo de la potencia de su microondas). Deje enfriar por unos minutos antes de sacarlo del plato y luego córtelo en cuartos.

Barras energéticas de chocolate con frijoles negros

Porciones: 10 (1 barra por porción)
Tiempo de preparación: Menos de 5 minutos
Cocción: 15 - 20 minutos
(Por porción)
Calorías: 306
Proteína: 8 gramos
Carbohidratos: 50 gramos
Grasa: 12 gramos

Ingredientes
- 1 1/2 tazas de frijoles negros, enjuagados
- 1/2 taza de mantequilla de almendras
- 1/4 taza de néctar de agave
- 1/4 taza de plátano, machacado
- 1 cucharadita de extracto de vainilla
- 1/4 cucharadita de sal
- 1/2 taza de cacao en polvo
- 1/2 taza de coco, rallado
- 1/2 taza de pasas de uva
- 1 1/2 tazas de avena a la antigua usanza
- 1/2 taza de harina de arroz integral

Direcciones
1. Precaliente el horno a 350°F.
2. En un procesador de alimentos o licuadora, agregue todos los ingredientes excepto la avena y la harina. Mezcle hasta que esté suave, luego vierta los ingredientes secos y pulse hasta que se mezclen.
3. Cubra ligeramente un molde para hornear de 9 x 13 pulgadas con rocío de cocina y distribuya la mezcla uniformemente.
4. Coloque en el horno y hornee de 15 a 18 minutos, o hasta que esté listo. Retirar y cortar en 10 barras.

Chips de col rizada al horno

Porciones: 1
Tiempo de preparación: Menos de 5 minutos
Cocción: 20 minutos
(Por porción)
Calorías: 34
Proteína: 2 gramos
Carbohidratos: 7 gramos
Grasa: 1 gramo

Ingredientes
- 1 taza de col rizada, picada
- sal, al gusto

Direcciones

1. Precaliente el horno a 300°F. Cubra una bandeja para hornear con rocío de cocina.

2. Enjuague y seque la col rizada. Corte los tallos y las costillas centrales duras, luego córtelas en trozos del tamaño de un bocado. Colóquelo en la bandeja para hornear y aplique una capa de rocío de cocina y sal encima de la col rizada.

3. Colocar en el horno y hornear durante 20 minutos o hasta que estén crujientes. Deje enfriar antes de comer.

□

Chips de pita sazonados

Porciones: 6 (6 papas fritas por porción)
Tiempo de preparación: Menos de 5 minutos
Cocción: 15 - 10 minutos
(Por porción)
Calorías: 80
Proteína: 3 gramos
Carbohidratos: 15 gramos
Grasa: 1 gramo

Ingredientes
- 3 pitas integrales
- 3 cucharadas de condimento italiano
- 1 cucharadita de chile en polvo
- 1 cucharadita de ajo en polvo
- 1 cucharadita de sal

Direcciones

1. Precaliente el horno a 425°F. Cubra una bandeja para hornear con rocío de cocina.

2. Corte los pitas por la mitad, apila las 6 mitades y córtelos en 6 trozos. Extienda las cuñas hacia fuera con el lado blando hacia arriba en la bandeja para hornear. Espolvoree con especias y una ligera capa de rocío de cocina.

3. Colocar en el horno y hornear de 5 a 10 minutos, hasta que estén dorados y crujientes.